AF477484

Eric Fischl
Ten Breaths

Eric Fischl

Ten Breaths

kestnergesellschaft

KERBER ART

Photographien von | Photographs by

Ralph Gibson

Kostüme von | Costumes by

Mary Jane Marcasiano

Inhalt | Contents

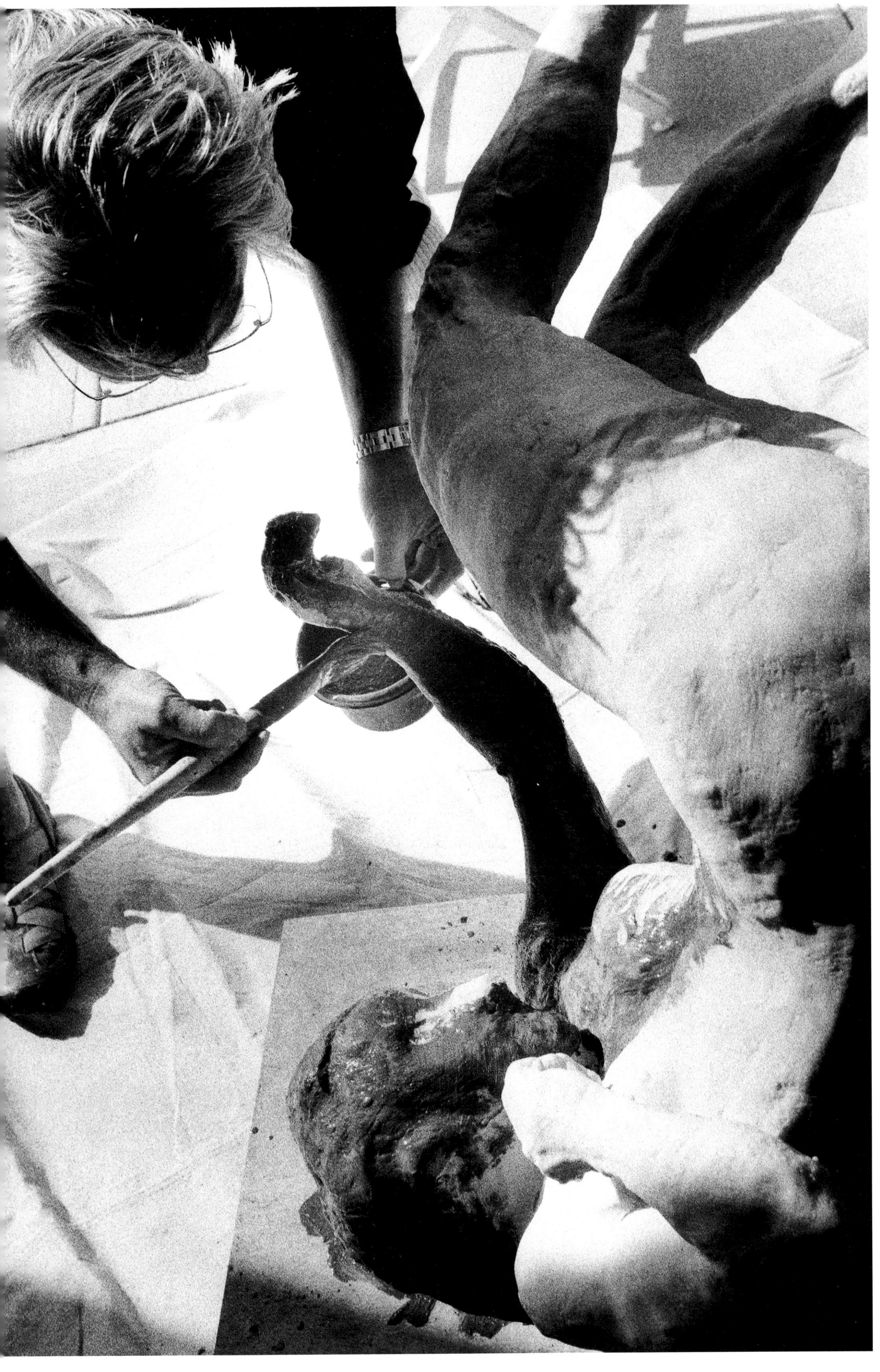

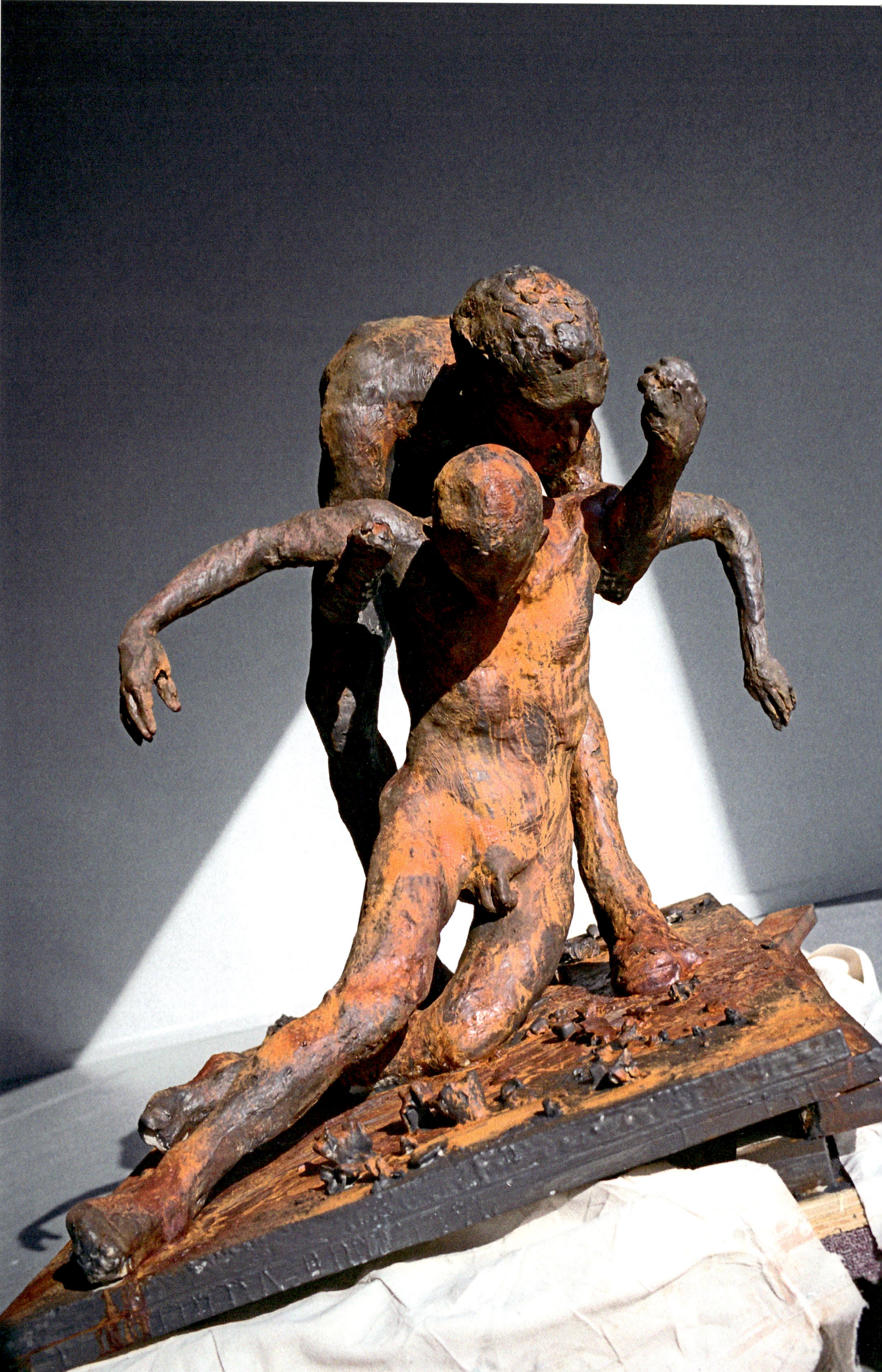

Ten Breaths

Von Veit Görner

Bad Boy von 1981, eines der bekanntesten Bilder von Eric Fischl und vermutlich eine Ikone der amerikanischen Malerei nach der Pop-Art, zeigt uns einen Jungen, der eine nackte Frau ansieht, die vollkommen unbefangen, auf dem Rücken liegend an ihren Zehen pult. Auf den ersten Blick fesselt uns diese Szenerie, weil wir vielleicht ein wenig schockiert über unsern eigenen Voyeurismus erröten. Bad boy denken wir. Aber „bad" ist nicht der Blick des Jungen auf die Scham der Frau, sondern, was sich erst bei genauerem Hinsehen erschließt, es ist seine rechte Hand, die hinterrücks in der Handtasche der Frau wühlt. Der Bad Boy ist ein Dieb!

Für Eric Fischl bezeichnend, denn seine Momentaufnahmen in gemalten Bildern, collagiert aus Fotovorlagen, erzählen immer mehr, als das zunächst Offensichtliche. Gesellschaftskritisch widmet er sich dem amerikanischen Mittelstand. Beschreibt das alltägliche Leben, private Dramen, Sexualität. Einen wunderbaren Überblick bot unlängst eine Ausstellung im Kunstmuseum Wolfsburg mit über 40 Arbeiten.

In Europa und Deutschland kaum bekannt ist allerdings das bildhauerische Werk des Künstlers. Anfang der 1990er Jahre entstehen die ersten Skulpturen, von Hand modelliert in unterschiedlichen Größen. Er zeigt sich in einem Interview mit Ealan Wingate 1998 von Rodin und Giacometti begeistert. Fischl modelliert in Ton nach Fotografien. Es ist eine Arbeit der Hände, die sich viel konkreter im Werk niederschlägt, als über den Pinsel in die Malerei. Ich selbst sehe ihn damit noch mehr in der Tradition von Rodin, dem Bildhauer.

An die fünfzig Skulpturen sind bisher entstanden und wir sind geehrt, im Rahmen unserer Ausstellung den ersten Katalog Raisonné vorlegen zu können.

Für die kestnergesellschaft hat Eric Fischl eine akzentuierte Inszenierung vorgeschlagen. In der kleineren Halle IV eine elfteilige Gruppe, in der großen Halle III nur zwei Figuren. Darunter **Tumbling Woman II, 2007** Fischls eindrückliche Verarbeitung des Anschlages auf das World Trade Center am 11. September 2001, gewidmet den unzähligen Verzweifelten, die mit dem Sprung aus den brennenden Türmen ihrer Ausweglosigkeit ein Ende bereiteten. Die erste Version von **Tumbling Woman** durfte 2002 in New York nicht ausgestellt werden. Zu frisch waren die Wunden. Unter diesen Vorzeichen bekommt für mich der Titel für unsere Ausstellung **Ten Breaths** (Zehn Atemzüge), eine nicht mehr zu verdrängende Bedeutung.

Ich danke Eric Fischl von ganzem Herzen für die wunderbare Zusammenarbeit, die zu den Highlights meiner langjährigen Erfahrungen mit Künstlern gehört. Wir sind glücklich, die ersten sein zu können, die sein plastisches Werk in dieser Komplexität in Deutschland zeigen können. Mehr noch sind wir dankbar für die unvergleichliche Edition **Untitled (Single Large Woman Figure), 2006**, die Eric Fischl für die Mitglieder der kestnergesellschaft zur Verfügung gestellt hat.

Danken möchte ich auch Raffael Jablonka, dem Galeristen des Künstlers und seinem Mitarbeiter Kay Heymer für die großzügige und kenntnisreiche Begleitung bei dieser Ausstellung. Desweiteren geht mein ausdrücklicher Dank an Ralph Gibson, dem weltbekannten Fotografen, der die Aufnahmen für den Katalog meisterlich und in kürzester Zeit umgesetzt hat und nicht zuletzt auch an Mary Jane Marcasiano, die die Kostüme erarbeitet hat.

Die spontane finanzielle Förderung durch die NORD/LB verdient größten Dank, weil sie das Projekt in letzter Minute gerettet hat.

Nicht zuletzt danke ich unserem Kurator Frank-Thorsten Moll, der wie immer ausgezeichnete Arbeit geleistet hat.

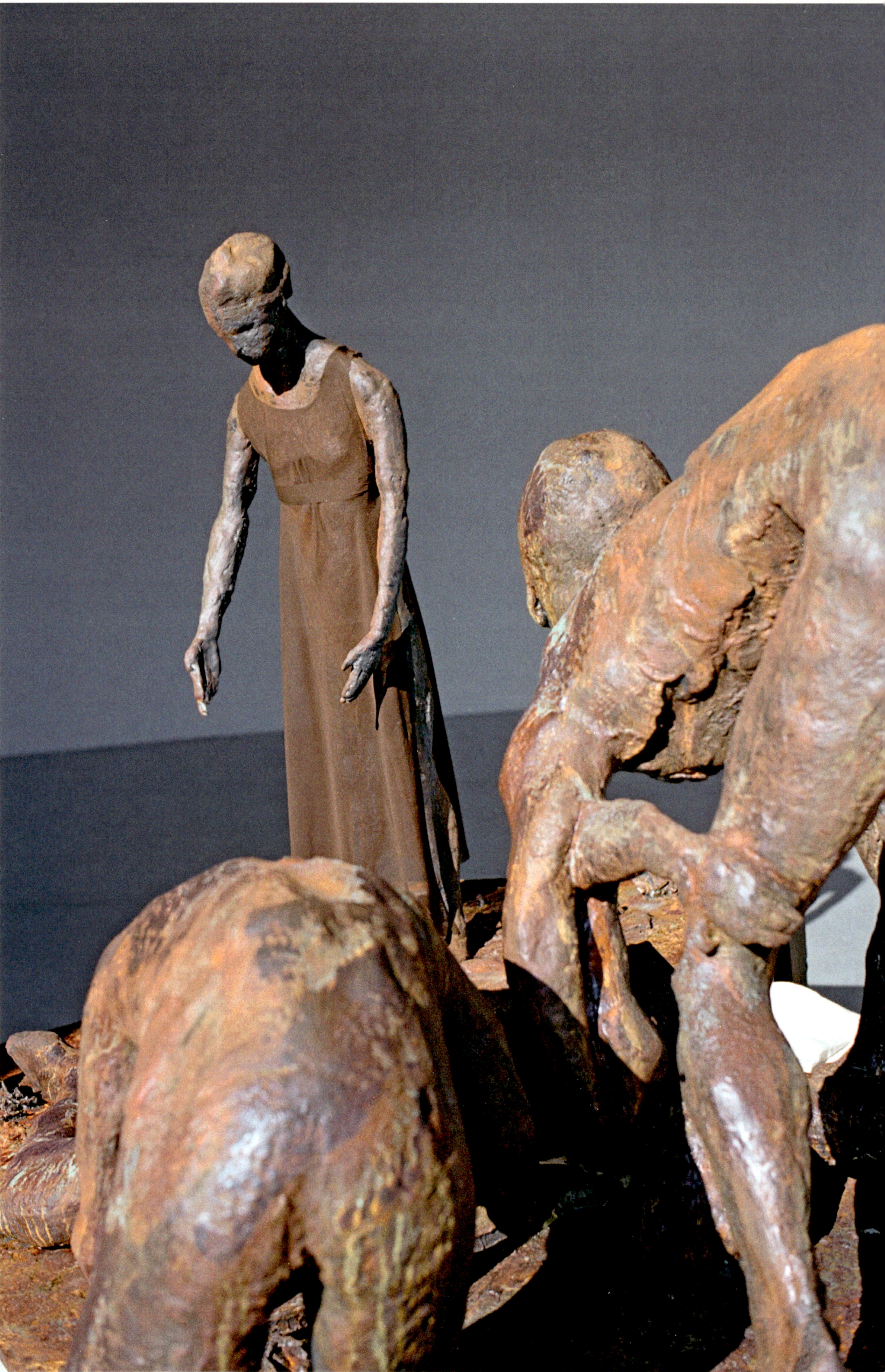

Bad Boy from 1981, one of the best known pictures by Eric Fischl and probably an icon of American painting after Pop Art, shows us a young boy looking at a naked woman who, utterly unselfconsciously, is lying on her back and picking at her toes. This setting rivets our attention at a first glance, and accordingly we perhaps turn a little red in the face, shocked at our own voyeurism. "Bad boy" we think. But what is bad is not the young boy's gaze onto the private parts of the woman, but instead that which is revealed upon a closer look, namely his right hand rummaging from behind through the purse of the woman. The Bad Boy is a thief!

This multi-layered depth is characteristic of Eric Fischl, for his snapshots rendered in painted pictures, collaged out of photographic models, always narrate more than that which first meets the eye. The artist turns his socially critical gaze towards the American middle class. He describes everyday life, private dramas, sexuality. A wonderful overview with more than forty works was recently provided by an exhibition at the Kunstmuseum Wolfsburg.

What is scarcely known in Germany and Europe, however, is the sculptural oeuvre of the artist. At the beginning of the nineteen-nineties the first sculptures arise, shaped by hand in various sizes. In an interview with Ealan Wingate during 1998, he expresses his enthusiasm for Rodin and Giacometti. Fischl models in clay on the basis of photographs. This is a work of the hands which makes a far more concrete imprint upon the work than does the brush upon the paintings. In this regard, I myself see him still more in the tradition of Rodin, the sculptor.

Close to fifty sculptures have been created up to now, and we are honored, in the framework of our exhibition, to be able to present the first catalogue raisonné.

Eric Fischl suggested an accentuated exhibition for the kestnergesellschaft. In the smaller Hall IV

a eleven-part group, and in the large Hall III only two figures. Among them is **Tumbling Woman II, 2007**, Fischl's impressive treatment of the attack on the World Trade Center on September 11, 2001, dedicated to the countless despairing persons who, with a leap from the burning towers, put an end to their hopelessness. The first version of **Tumbling Woman** was not permitted to be exhibited in New York in 2002. The wounds were still too fresh. From this ominous perspective, the title of our exhibition, **10 Breaths**, acquires a significance which cannot be shoved aside and forgotten.

I offer my heartfelt gratitude to Eric Fischl for a wonderful collaboration which numbers among the highlights of my many years of experience with artists. We are happy to be the first institution to be able to present, for the first time in Germany, his sculptural oeuvre with this degree of complexity. Even more, we are thankful for the incomparable edition, named **Untitled (Single Large Woman Figure), 2006**, which Eric Fischl has made available to the members of the kestnergesellschaft.

I would also like to thank Raffael Jablonka, the gallerist of the artist, as well as his colleague Kay Heymer for the generous and knowledgeable assistance which they have offered to this exhibition. Furthermore, my express thanks go to Ralph Gibson, the photographer known throughout the world, who created the pictures for this catalogue in a masterful manner and in the shortest possible time, and also to Mary Jane Marcasiano, who together with Eric Fischl developed the costumes.

The spontaneous financial support from the NORD/LB deserves the highest expression of thanks, because its act of generosity saved the project in the last minute.

Last but not least, I thank our curator Frank-Thorsten Moll who, just as always, has performed truly excellent work.

Eric Fischl bei der Arbeit an | Eric Fischl working at
Tumbling Woman II
2007

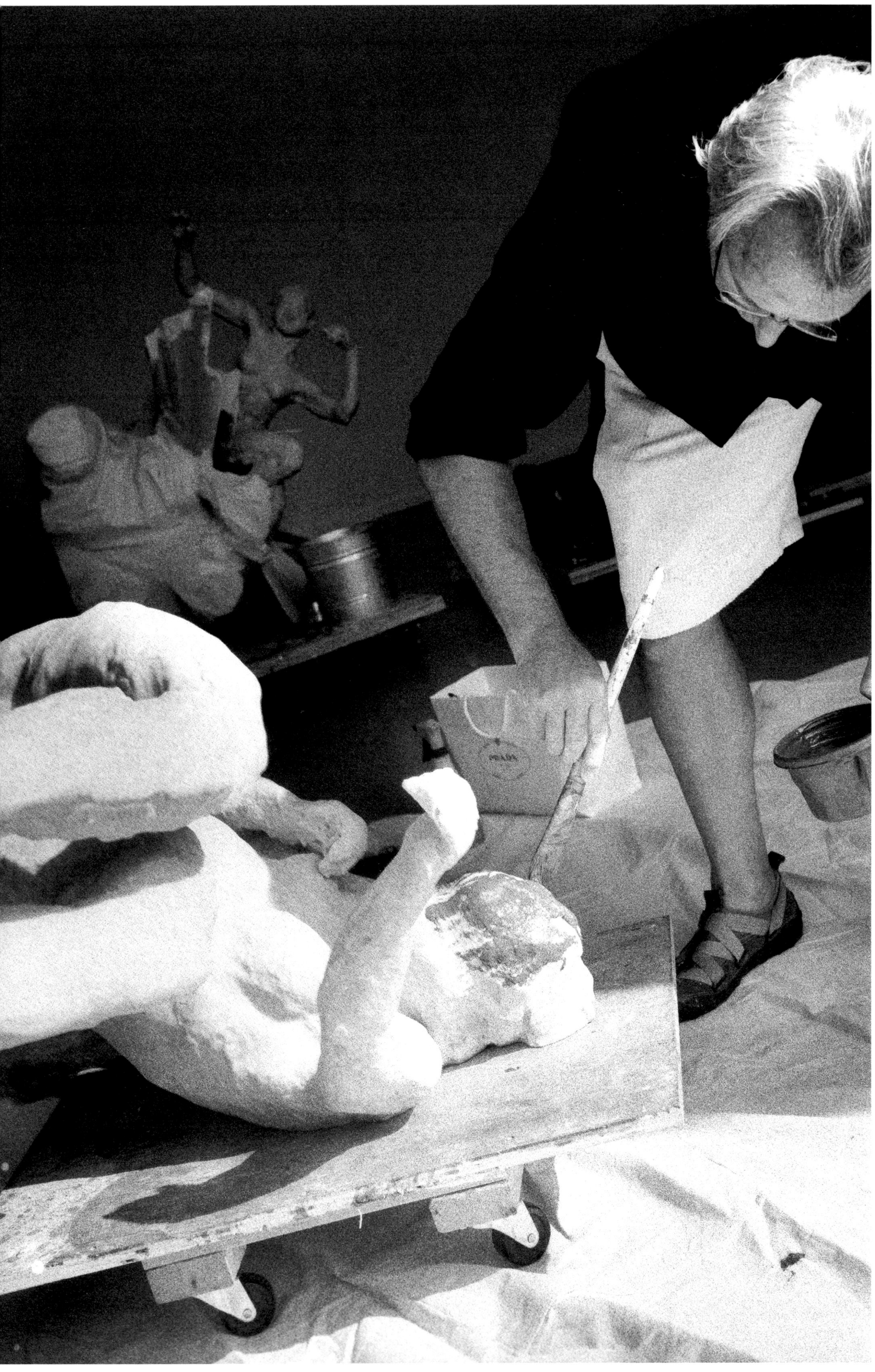

S. | p. 15

Fallender Engel | Falling Angel
2007

S. | p. 16/17

Detail von | Detail of
Samariter | Samaritan
2007

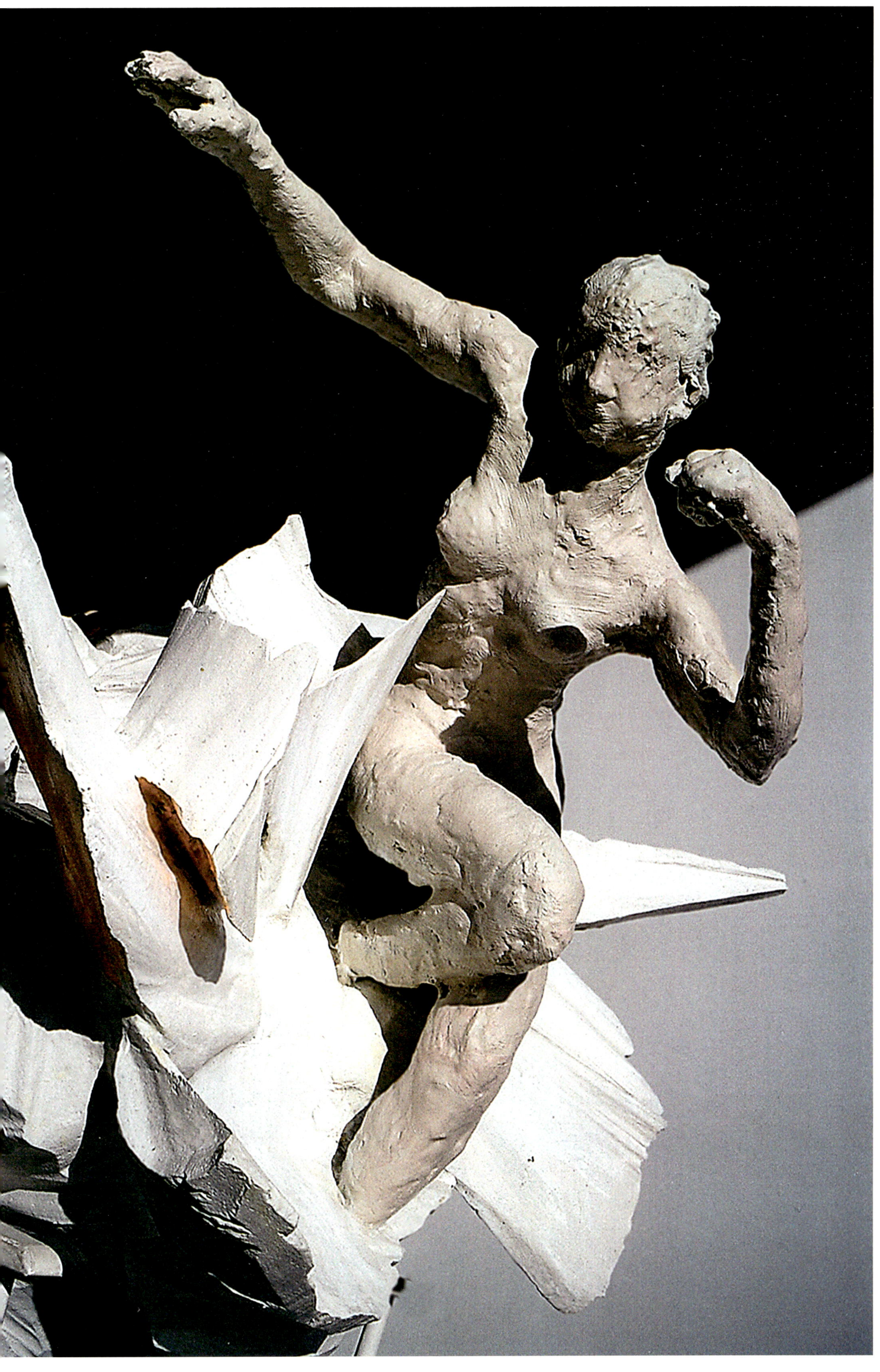

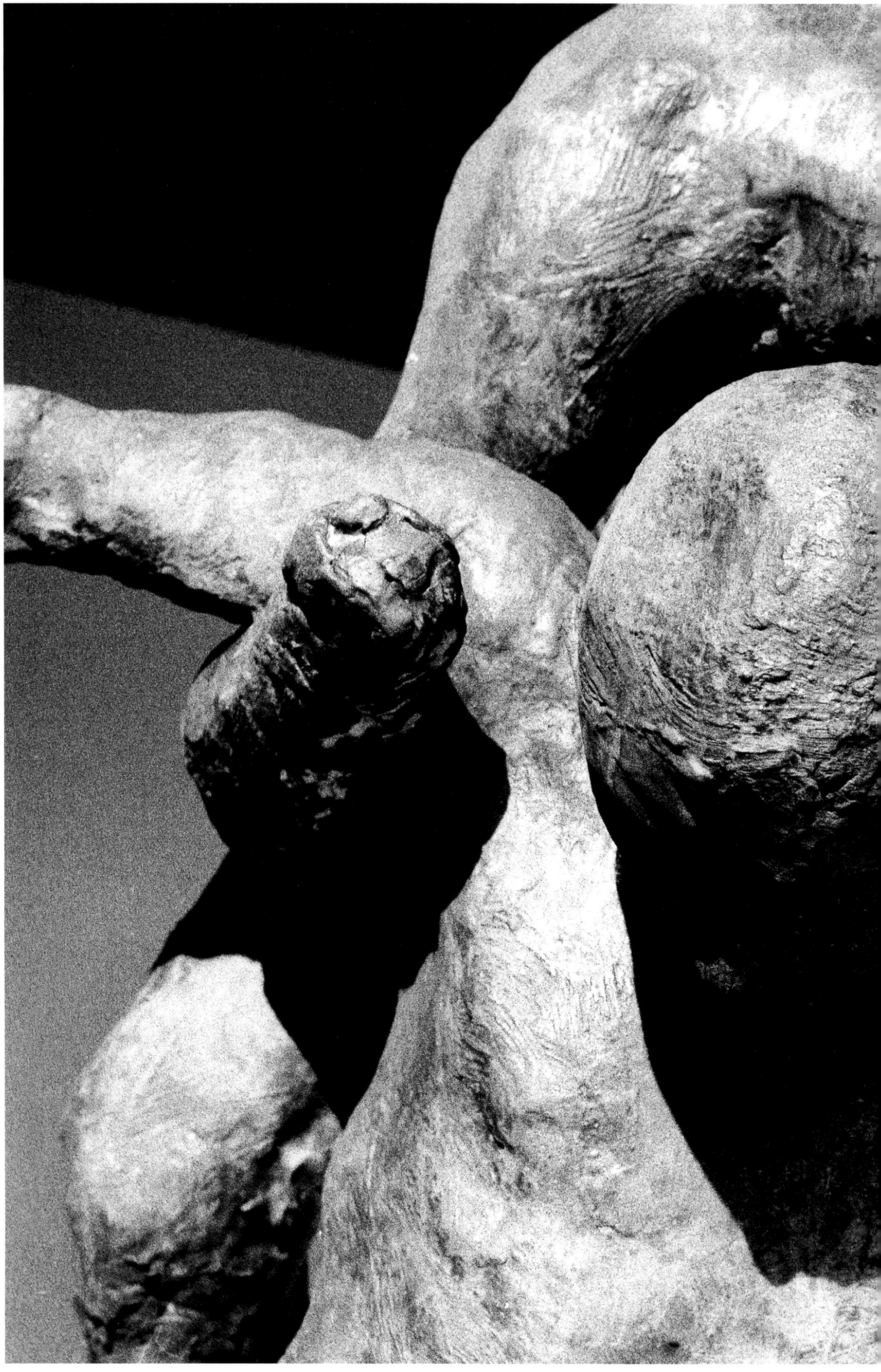

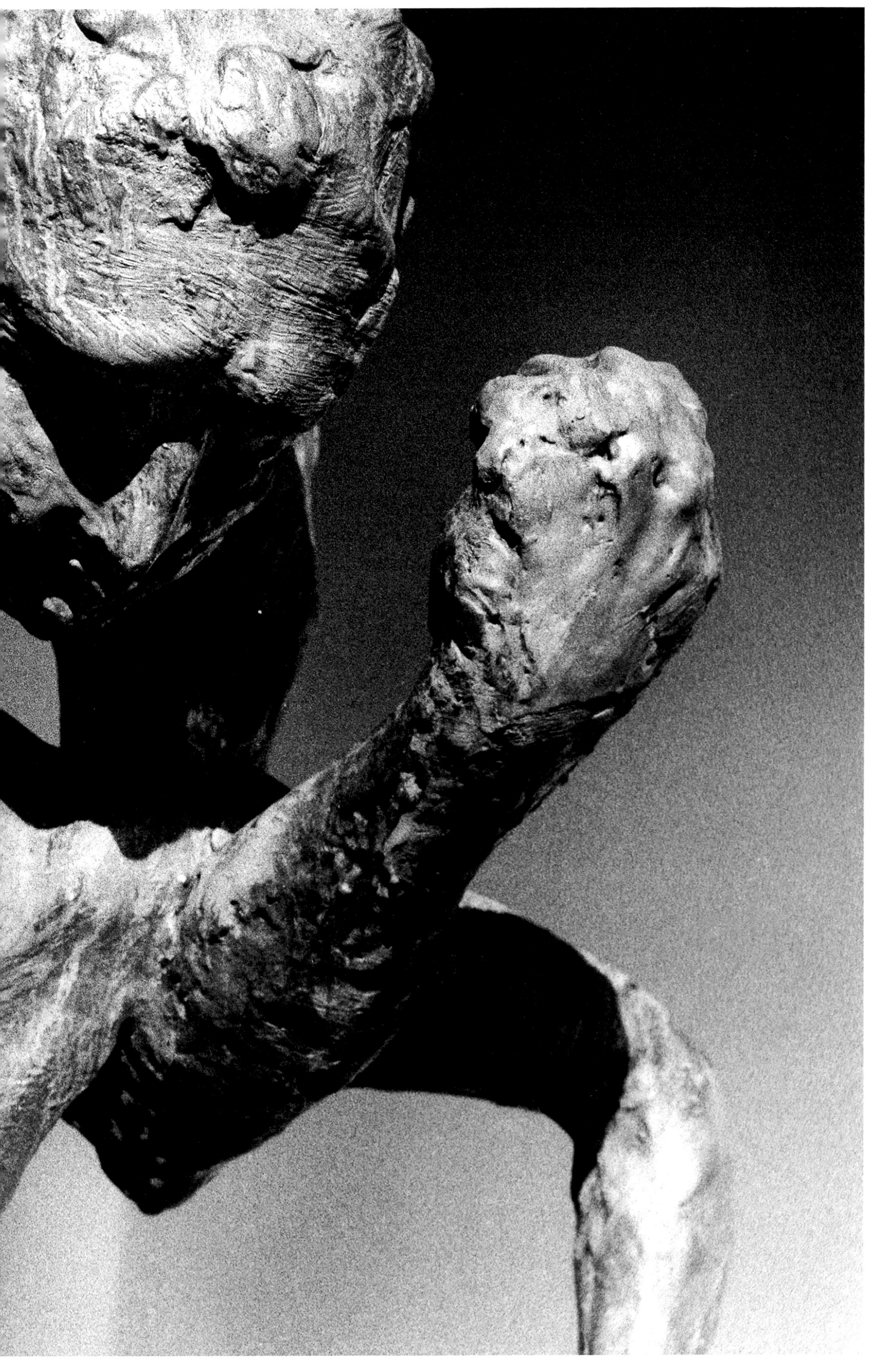

Detail von | Detail of
Schaden | Damage
2007

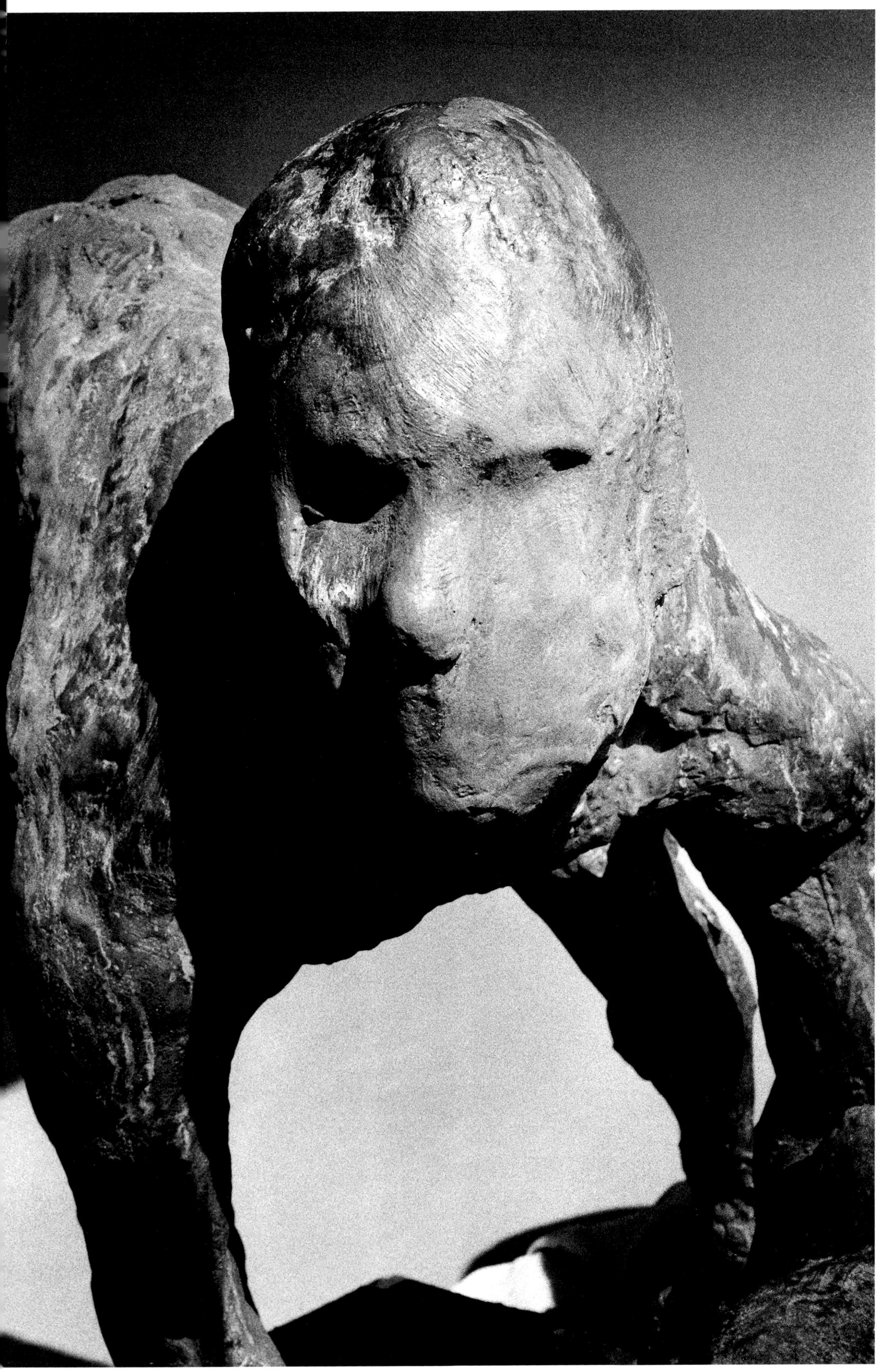

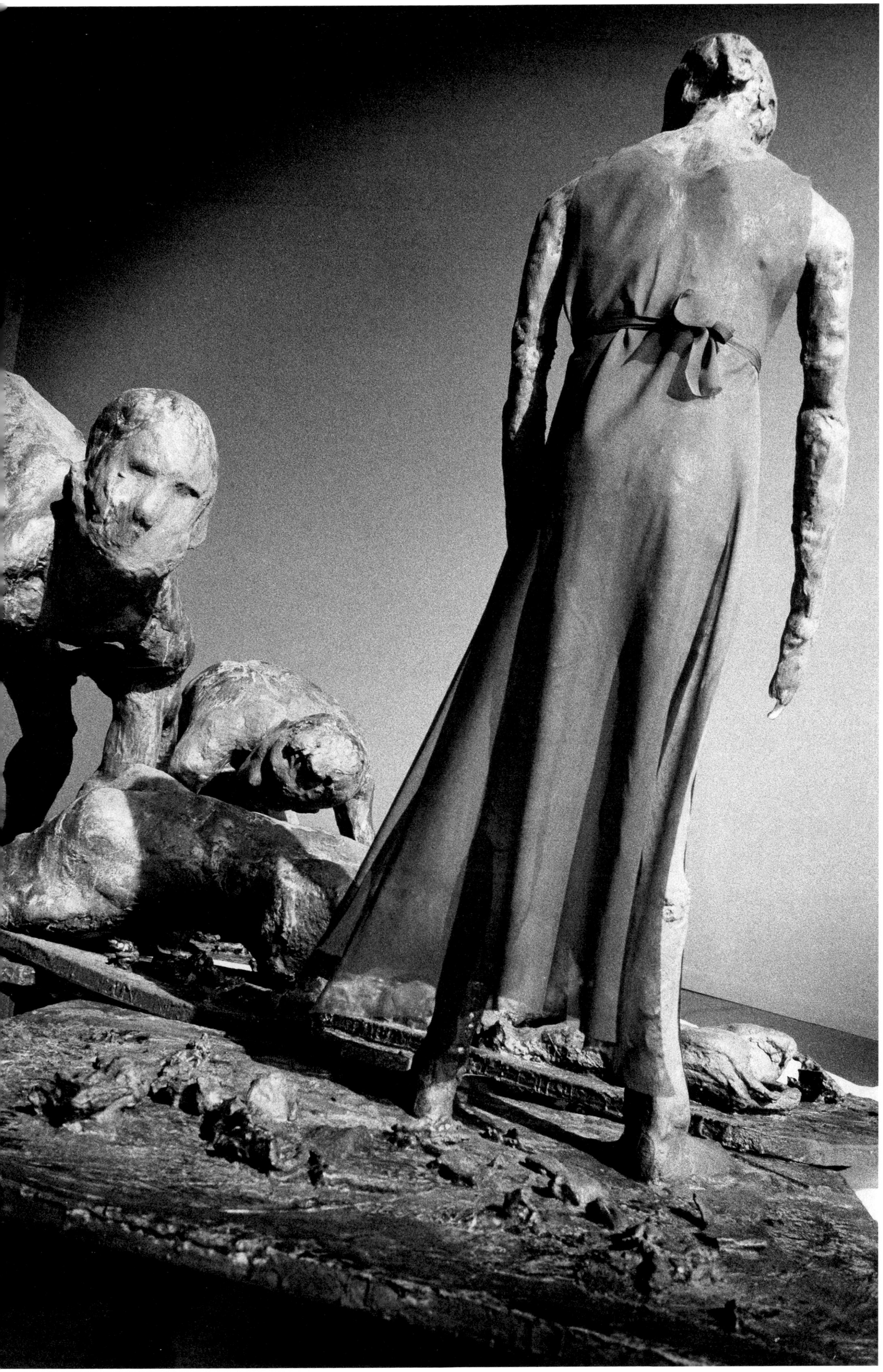

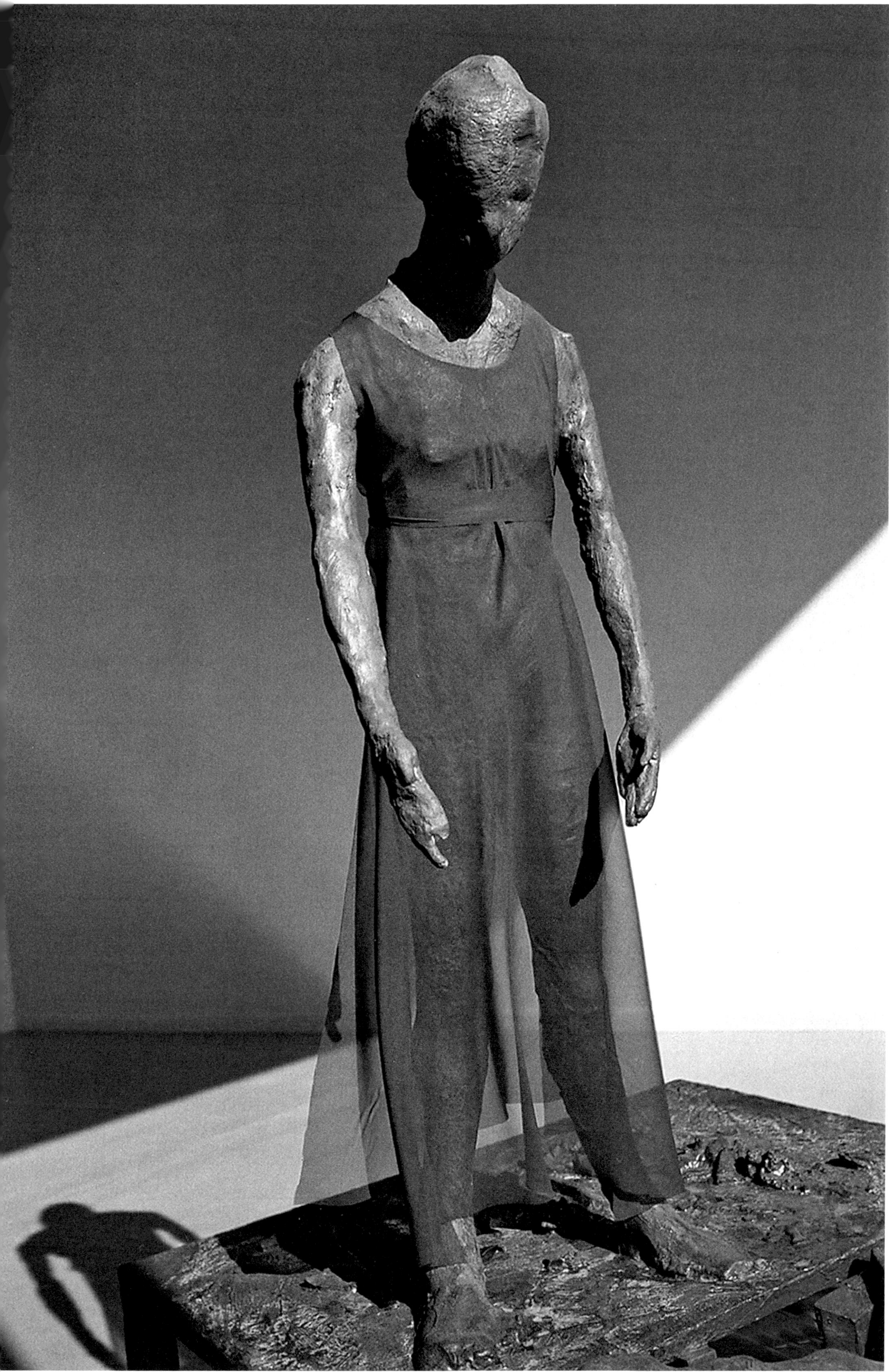

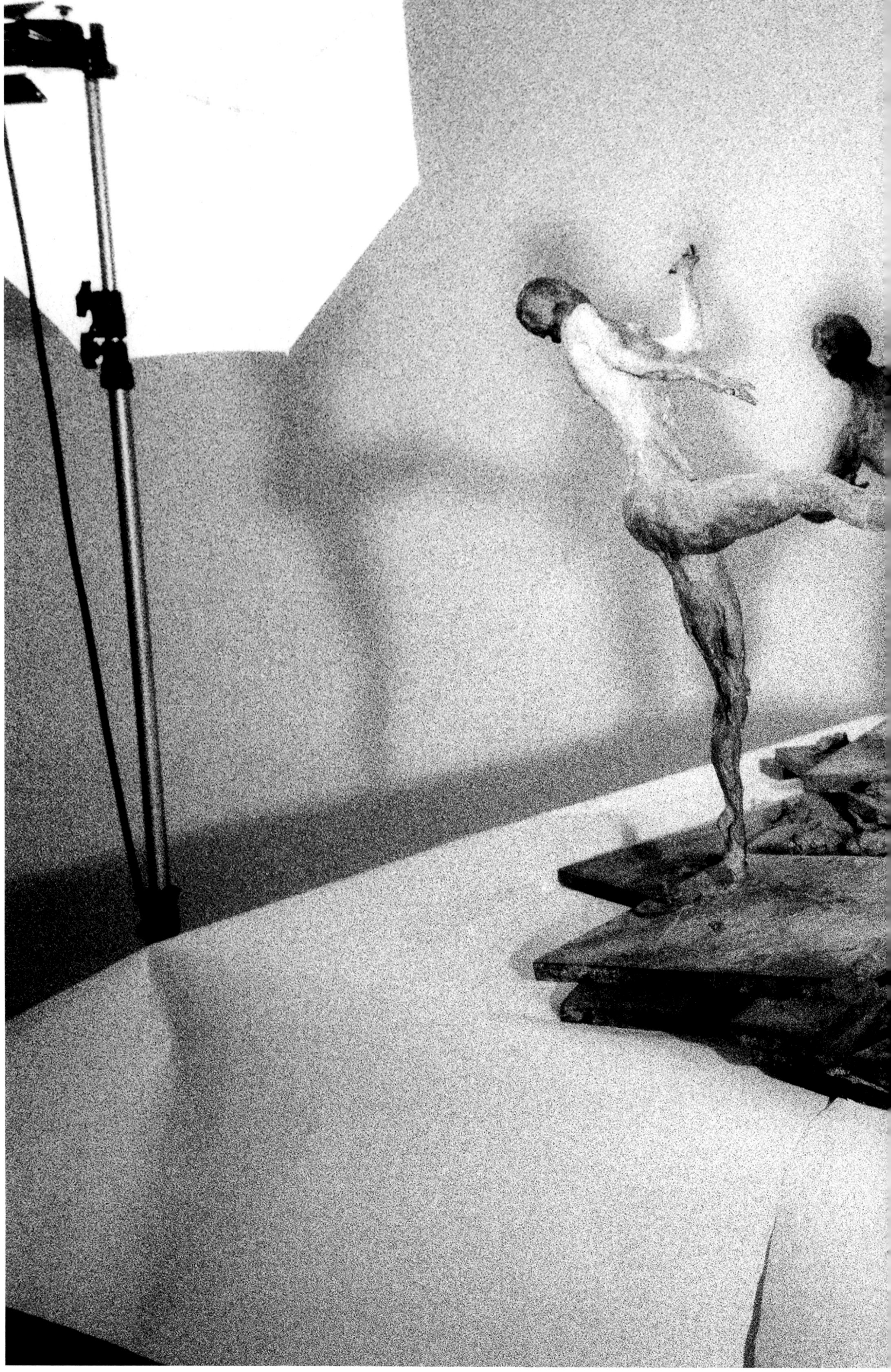

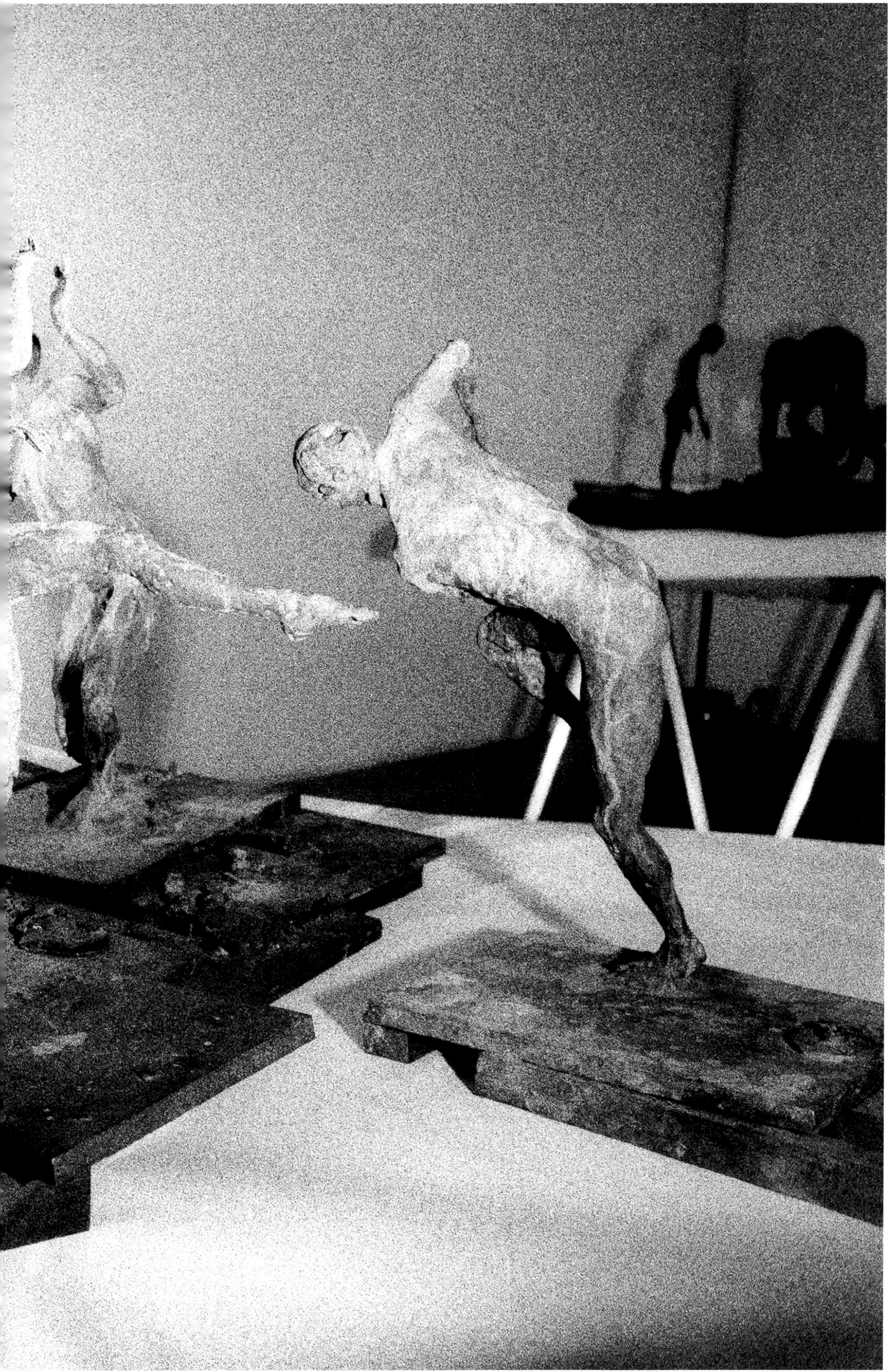

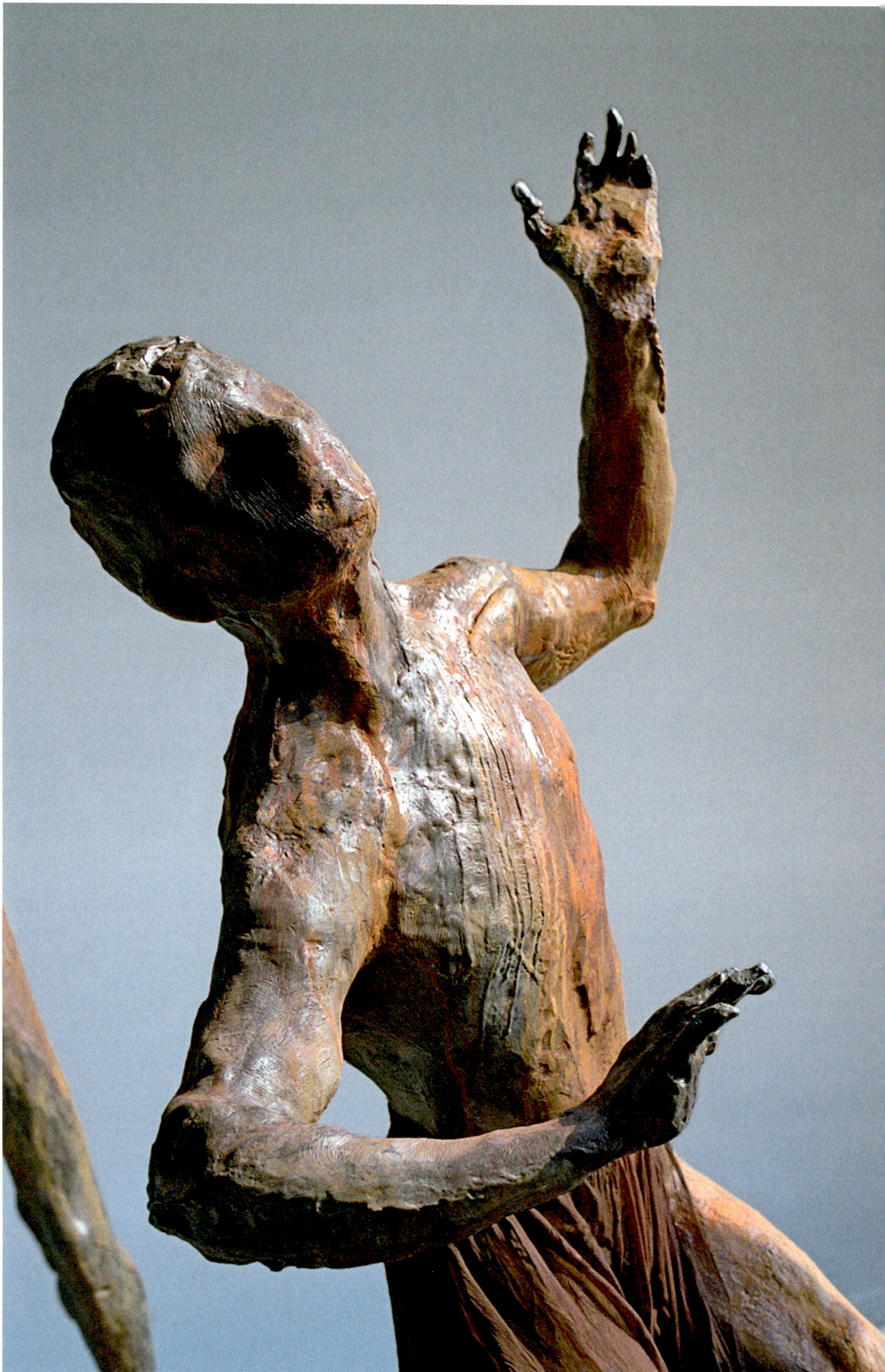

Zehn Atemzüge zwischen Euphorie und Melancholie

oder „Die Wiederkehr des Körpers" in der Kunst Eric Fischls

Von Frank-Thorsten Moll

„What fascinates and inspires me is that we can make likenesses
of ourselves that are so animated, it is we who become frozen in our awe.
It is we who become sculpture."

Eric Fischl

Wiederkehr des Körpers

Wir haben alles versucht, um ihn aus der Welt zu schaffen. Wir haben ihn auf dem Feld der Theorie besiegt, beleidigt und ausgelacht und ihn schon wiederholt von der Liste der diskursfähigen Vokabeln gestrichen. Der Prozess war jedoch ein schleichender, der mit Descartes chirurgisch präziser Trennung von Geist und Körper begann – ein Dualismus, der bis heute wirkt und zumeist zugunsten des Geistes entschieden wird. Die alte Hülle des Körperlichen abzustreifen war seither vornehmstes Projekt der Künste und Wissenschaften. Die einen suchten ihr Heil im gegenstands- und somit körperlos Abstrakten, die anderen versuchten den Körper durch Erfindungen schlichtweg überflüssig zu machen. Die Strukturalisten wiesen schließlich nach, dass der Körper mit Codes durchwirkt ist und dass diese Codes wiederum aus ihm heraus Wirkungen entfalten. Die Geschichte könnte hier zu Ende sein, doch – fast wirkt es wie ein Wunder – der Körper ist wieder aufgetaucht und zeigt sich heute mehr denn je. Hartmut Winkler[1] stellte jüngst fest, dass der Körper plötzlich mit aller Macht zurück in die Theorie drängt – was von vielen als eine Art Skandal empfunden werde. Rückblick: Wir schreiben das Jahr 1979 und in Amerika explodiert – bildlich gesprochen – eine malerische Bombe. Eric Fischls **Sleepwalker** (1979) trifft die nach langer minimalistischer und konzeptueller Dürrephase, nach narrativen Elementen förmlich ausgehungerte Öffentlichkeit mit einem direkten Faustschlag unvorbereitet ins Genick. Zu sehen ist ein Junge, der in einem Kinderplanschbecken onaniert und in seiner abwesenden Konzentriert-

---

[1] Vgl. Hartmut Winkler, Schmerz, Wahrnehmung, Erfahrung, Genuß. Über die Rolle des Körpers in einer mediatisierten Welt. In: Stephan Porombka & Susanne Schamowski (Hg.), **Phänomene der Derealisierung**, Wien, 1999, S. 211–223, nachzulesen unter: http://wwwcs.uni-paderborn/~winkler/koerp_d.html, Stand: 30.10.07

heit umso aggressiver und beunruhigender wirkt. Doch nicht nur das Motiv, vielmehr die Malweise gab Anlass zu heftigen Diskussionen. Realistisch Malen, ja geht das denn heute noch, fragten sich Künstler und Theoretiker. Der Körper als realistisch gemalter, sprichwörtlicher Bildkörper meldete sich plötzlich zurück und mit ihm die Narration, die Huckepack den Humanismus der klassischen Moderne mit sich zurück ins Spiel brachte. Fischl war freilich nicht der einzige Protagonist dieser Entwicklung, und wohl auch nicht der erste (ich möchte an der Stelle nur Philip Guston erwähnen, den Fischl bewundert). Er war aber sicher derjenige der zusammen mit Georg Baselitz den lautesten Aufschrei provoziert hatte. Einige Autoren[2] sahen es geradezu als Ironie der (Kunst-) Geschichte, dass die zwei maßgeblichen Elemente der Kunst, die die Avantgarden des 20. Jahrhunderts abgelehnt und bekämpft hatten bei Eric Fischls malerischem (wie bildhauerischen) Werk wieder aktuell wurden. Es sind dies, Realismus und Narration–festgemacht an gemalten Körpern, die auf der Leinwand in Beziehung zueinander traten.

Das, was in der Kunst bereits Anfang der 80er Jahre geschah blieb der Theorie natürlich nicht verborgen. Im deutschsprachigen Raum feierte vor allem Dietmar Kamper mit Büchern wie die „Wiederkehr des Körpers"[3] große Erfolge und wurde zum Vorreiter einer neuen theoretischen Stoßrichtung, die auf Seiten der Kunstgeschichte in den letzten Jahren dankend aufgenommen wurde.[4] Gleichzeitig musste aber schon damals darauf hingewiesen werden, dass dieser „body turn" nicht ohne Gefahren ist. Dietmar Kamper selbst warnte 1982 vor dem „Schwinden der Sinne"[5], die vor der Expansion alles Körperlichen zu kapitulieren scheinen.

Vom Schwinden der Sinne – Tumbling Woman

Gegenschnitt! Wir haben das theoretische Feld verlassen und betreten die kuppelgewölbte Halle III der kestnergesellschaft, die in eine bühnenhafte Lichtinszenierung getaucht ist. Die Fenster sind abgedunkelt, kein Tageslicht fällt herein, Lichtakzente liefert allein das Schimmern rechts und links aus den abgetrennten Arkadengängen und die Theaterscheinwerfer, die den Blick auf zwei Figuren im Hauptraum lenken. Zum einen sehen wir **Fallen Angel** (2007), ein Engel der wie ein Renaissance-Putto von der Decke hängt und ihr gleichsam entgegenstrebt, als wolle er sie durchdringen und dem Raum entschweben. Zum anderen sehen wir **Tumbling Woman** (2007) die wichtigste Skulptur der ganzen Ausstellung, einsam in der Mitte des Raumes liegen. Die Figur einer nackten Frau gibt gleichsam liegend und fallend ein verstörendes Bild ab. Befindet sie sich kurz vor dem schmerzhaften, ja vielleicht sogar tödlichen Aufschlag? Gleichzeitig wirkt sie aber doch leicht und schwerelos. Der Aufprall steht wohl noch bevor. Der Tod, oder metaphorischer gesprochen, das große Fallen wird erst noch kommen. Wir halten den Atem an und zählen vielleicht gedankenverloren bis zehn bevor wir weiteratmen. Der Künstler hätte gewiss nichts dagegen, gab er der Ausstellung doch den vieldeutigen Titel **Ten Breaths** – zehn Atemzüge. Dabei dachte er zunächst an das Wort „Tenebrae" als Titel der Ausstellung, was soviel wie Schatten bedeutet und nicht minder rätselhaft gewesen wäre – im Gegenteil. Aus „Tenebrae" wurde **Ten Breaths** und welche der dreizehn Figuren atemlos sein muss, bleibt der Phantasie des Betrachters überlassen.

Während wir uns dies vergegenwärtigten, fällt **Tumbling Woman** einstweilen schonungslos weiter durch den Raum und wirkt dabei derart verletzlich,

[2] Robert Rosenblum, Eric Fischl, in: Martin Hentschel (Hg.), **Eric Fischl, The Krefeld Project**, Ausstellungskatalog Museum Haus Esters, Krefeld, Kerber: Bielefeld, 2003, hier: S.14.
[3] Dietmar Kamper & Christoph Wulf (Hg.), **Die Wiederkehr des Körpers**, Frankfurt/M.,1982
[4] siehe dazu vor allem: Hans Belting, Bild-Anthropologie, Entwürfe für eine Bildwissenschaft, Wilhelm Fink Verlag, München, 2000, hier: S. 91.
[5] Dietmar Kamper & Christoph Wulf (Hg.), Das Schwinden der Sinne. Frankfurt/M., 1984

dass es förmlich weh tut, ihr dabei zuschauen zu müssen. Ihre Sinne scheinen zu schwinden und sie wirkt dabei tatsächlich eher wie eine im Traum schwerelos Dahingleitende. Die poröse Oberfläche, die damit suggerierte energetische Nervosität sowie das durch dramatische Lichtführung ausgelöste Spiel aus Licht und Schatten bestätigen, was man auch schon über die bekannten Gemälde des Künstlers sagt. Nämlich, dass am Beginn von seiner Kunst immer ein menschliches Drama steht, das sich nicht nur an den Motiven und Akteuren, sondern auch und gerade am Spiel von Licht und Schatten ablesen lässt.[6] Kay Heymer sieht folgerichtig genau in diesen persönlichen Dramen, die im alltäglichen Leben spielen, die besondere und eigene Qualität der Arbeiten Fischls.[7]

Schauen wir jedoch noch einmal zurück auf den fallenden Engel an der Decke, werden wir zudem zweier gewaltiger Kräfte gewahr, die die beiden Figuren gewaltsam auseinander zu ziehen scheinen. Unaufhaltsames Stürzen trifft auf sorgloses Schweben und schon sehen wir wieder die Qualität des Malers Eric Fischl vor uns, der schon in seinen Gemälden und Zeichnungen mit wenigen Mitteln, aber effektiv, die Spannung zweier Personen untereinander derart auf die Spitze zu treiben versteht, dass das Gefühl der Einsamkeit, nicht mehr auszuhalten ist. In seinen Skulpturen und den begleitenden Arbeiten auf Papier sind die szenischen Irritationen, die wir aus seiner Malerei her kennen jedoch fast komplett verschwunden. Die aktuellen Wasserfarben und Skulpturen zeigen nackte Personen, pur und konzentriert, frei von den Einschränkungen einer partikularen Zeit und Raums. „No grace but gravity, one might say"[8] bringt Heymer dies äußerst treffend auf den Punkt. Und Richard Prince legt lakonisch und nicht minder treffend nach, wenn er sagt „That's what art should be … no clothes."[9]

Fallende in der Kunst

In der Malerei inszeniert Fischl zumeist diejenigen Momente, die kurz vor oder kurz nach einer unglaublichen Tat stattgefunden haben. Seine Skulpturen sind da etwas weniger lesbar, denn die Geschichten sind verrätselt und kein Inventar, kein Möbelstück, nicht das kleinste Requisit gibt uns eine Auskunft über die näheren Umstände.

Doch auch **Tumbling Woman** kommt nicht ohne narrative Momente aus und bezieht sich auf einen konkreten Moment in der Geschichte, der bis heute ihre Interpretation überstrahlt. Gemeint ist der 11. September 2001, der Schicksalstag, der das Leben der meisten Menschen auf unterschiedliche Art verändern sollte. Zunächst versuchte er in Aquarellen und Lithografien das Geschehen zu verarbeiten. Die fallende menschliche Figur wird dabei zum dominanten Motiv und führt nach Carolin Bohlmann „etwas Jenseitiges in seinen Papierarbeiten ein"[10]. Die vereinzelten Körper finden keinen Halt mehr an einem stabilisierenden Hintergrund – sie fallen durch den unklaren Raum des Papiers und finden keinen Halt. Der Versuch, den Schrecken künstlerisch zu bannen, resultierte schließlich in einer in Bronze gegossenen Version der Fallenden, die er zunächst im privaten Umfeld seines Ateliers aufbewahrte – **Tumbling Woman** (2002) war geboren. Als er sie anlässlich einer Ausstellung zum Gedenken an den 11. September öffentlich im Rockefeller Center ausstellte, hatte wohl keiner, und am wenigsten der Künstler selbst, mit dem Aufruhr gerechnet, der plötzlich um die Figur der fallenden Frau entbrannte. Ihm wurde „skulpturaler Fotojournalismus"[11] vorgeworfen, der das Andenken an diejenigen beschmutze, die in den oberen Stockwerken festsaßen und den einzigen Ausweg im Sprung in den sicheren Tod sahen. Die

---

[6] Martin Hentschel, Stationen eines Dramas. Eric Fischls Krefeld Project, S. 26 – 31, in: ders. (Hg.), **Eric Fischl, The Krefeld Project**, Ausstellungskatalog Museum Haus Esters, Krefeld, 2003, hier: S.26.

[7] Kay Heymer, in: **Eric Fischl, Sculpture and Watercolor**, Jablonka Galerie, 2006

[8] Ebenda.

[9] Richard Prince, Like a Jay Bird, in: **Eric Fischl, New Paintings**, Mary Boone Gallery, 2005

[10] Carolin Bohlmann, Fragile Schichtungen, Überlegungen zur Technik von Eric Fischls Arbeiten auf Papier, S.112 – 115, in: **Eric Fischl. Gemälde und Zeichnungen 1979 – 2001** Ausstellungskatalog Kunstmuseum Wolfsburg, Ostfildern Ruit: Hatje Cantz, 2003, hier: S.115.

[11] Annelie Lütgens, Touched. Körper, Raum und Licht bei Eric Fischl, S.21 – 27, in: **Eric Fischl. Gemälde und Zeichnungen 1979 – 2001**. Ausstellungskatalog Kunstmuseum Wolfsburg, Ostfildern Ruit: Hatje Cantz, 2003, hier: S.23.

Skulptur wurde zurückgezogen, obwohl Eric Fischl ernsthaft und absolut glaubwürdig versichern konnte, dass er niemandes Gefühle verletzen, stattdessen dem Gefühl von Schmerz und Trauer einen angemessenen künstlerischen Ausdruck geben wollte. Auch Annelie Lütgens sprang ihm nachträglich zur Seite, als sie 2003 schrieb, sie sehe in der Skulptur eher eine Geste der Versöhnung, denn die Figur schwebt mehr, als dass sie aufschlägt, die schmerzhafte Assoziation mit all denjenigen, die im Sprung aus den WTC-Türmen den einzigen Ausweg sahen sei somit extrem abgemildert.[12]

Die Wunde, die unter dem Namen 9/11 in die Geschichtsbücher eingegangen ist, war aber wohl noch zu frisch, als dass die Öffentlichkeit sich darauf hätte einlassen können bzw. wollen. Aus seiner **Tumbling Woman** wurde eine „homeless sculpture" ohne adäquaten Ort und Raum. Der Künstler hätte jedoch gewarnt sein können, denn ein Jahr zuvor wurde bereits ein Bild des Fotografen Richard Drew, das einen bis heute nicht identifizierten Mann zeigt, der pfeilgerade mit angewinkeltem linken Bein an der Fassade des Word Trade Centers hinabstürzt, Gegenstand heftigster Diskussionen. Das Foto wurde, kaum hatte es einmal die Runde durch die Zeitungen gemacht, zurückgezogen und die Presse übte sich in Selbstzensur. Das Bild lebte jedoch im Untergrund digitaler Bildarchive weiter und wird heute als eines der wichtigsten Bilder gehandelt, die den Schrecken des 11. September zu zeigen vermochten. Darüber hinaus wurde „The Falling Man" zum Gegenstand eines Dokumentarfilms gleichen Titels und außerdem zum Namensgeber des jüngst erschienen Romans von Don DeLillo.[13]

Fischl, für den Fotografie immer das Medium der Unbeholfenheit darstellt, hat das Foto sicher gekannt, als Motiv war es aber wohl gänzlich un-interessant, denn schließlich zeigt es den Mann so, als sei sein Flug zu einer Pose erstarrt. Voller Kontrolle über sich und seinen Flug, die er unmöglich gehabt haben konnte – was die anderen Fotos desselben Fotografen wohl auch belegen.

Wenngleich die Figur des Fallenden kunsthistorisch nicht neu ist, wird sie von Eric Fischl ungemein interessant gewendet. Bei Auguste Rodin (**Das Höllentor**) oder auch bei Max Beckmann (**Der Fallende Mann**, 1950), um nur Zwei zu nennen, sind es immer Männer die Fallen – die Aussage muss dadurch natürlich eine ganz andere sein. Der fallende Mann ist historisch betrachtet immer ein Gescheiterter, der seine Mission verfehlte und sein Ziel nicht erreichte. Er stürzt über sich selbst und seine beschränkten Möglichkeiten oder er wird von jemandem gestürzt der einfach mehr Möglichkeiten besitzt, mächtiger ist und vor allem skrupelloser. Die fallende Frau als solche drückt dementgegen ein ungleich größeres Maß an Verletzlichkeit und Schutzlosigkeit aus. Durch die Zerstörung des Weiblichen gehe eindeutig mehr verloren, denn im Tod der Frau werde gleichzeitig das Symbol der (potentiellen) Mutter und der begehrenswerten Frau zerstört. Fischl verhaftet den Betrachter also direkt im Gefühl des Mitleids, wenn er sagt, „alles in allem gibt uns die Arbeit das Gefühl, dass wir darin gescheitert sind sie zu beschützen."[14]

Schaden, Kongress der Witzigen und Samariter

Räumlich getrennt aber inhaltlich mit dieser Szene verbunden, drängen sich in Halle vier die restlichen elf der insgesamt dreizehn ausgestellten Skulpturen. Jede davon, egal ob als Gruppe oder als einzelne Skulptur betrachtet, wirkt so als wäre sie auf ihre Art Zeuge des Geschehens um **Tumbling**

[12] Ebenda.
[13] 9/11: The Falling Man, von Henry Singer, Kamera: Richard Numeroff, am 16.03.06, ausgestrahlt auf Channel 4 und später in verschiedenen amerikanischen Sendern wiederholt. Nachzulesen im Wikipediaeintrag zu „The Falling Man", unter: http:/7en.wikipedia.org/wiki/The_Falling_Man, Stand: 01.11.2007.
[14] unveröffentlichtes Email-Gespräch vom 04.11.2007, zwischen Eric Fischl und Frank-Thorsten Moll

Woman geworden. Sie funktionieren zwar nicht nur als Kommentar und Ergänzung, wirken aber dennoch als Nachgeordnete oder Spätgeborene, so als würde ihre Identität als Gruppe sich immer auf einen ganz bestimmten „Fall" in der Geschichte beziehen. Die Skulpturen der **Samariter** zum Beispiel scheinen durch ihren Appell zur tätigen Nächstenliebe, eine Antwort auf die Frage zu bieten, wie der „fallenden Frau" hätte geholfen werden können. Einfühlung als erster Schritt zur praktizierten Nächstenliebe ist natürlich nicht zuletzt auch eine Vokabel des ästhetischen Diskurses und ist wesentlicher Bestandteil des Verhältnisses von Betrachter und Kunstwerk. Mit der vierköpfigen Gruppe **Kongress der Witzigen** verweist Fischl auf die Kulturpraxis der „Pasquinade", die den Römern ab 1501 die Möglichkeit gab, in aller Öffentlichkeit über den Papst zu lästern. Pasquin war der Name einer stark ramponierten antiken Statue, die 1501 im Parione Viertel auf dem Pasquin Platz aufgestellt wurde – wo sie noch heute steht. Die Statue wurde von Kardinal Oliviero Carafa feierlich eingeweiht, liebevoll herausgeputzt, mit einer Toga und mit lateinischen Epigrammen versehen. Ein Ritual war geboren, denn von nun an hefteten die Römer ihre in Gedichtform verfassten Beschwerden vor den Augen der Obrigkeit an diese Statue. Die Dinge gerieten wenig später vollends außer Kontrolle, als andere Statuen herbeigeschleppt wurden, die mit Pasquin als ihrem Vorsitzenden einen **Kongress der Witzigen**[15] bildeten. Dieser erlaubte es selbst dem einfachsten Römer auf kreative Art und Weise seinem Ärger Luft zu machen, ohne Gefahr zu laufen, bestraft zu werden. Die gesammelten Beschwerden wurden als Pasquinaden bekannt und finden sich in zahlreichen Büchern wieder. Kunst und Leben fielen an dieser Stelle unter dem Schutz der antiken

Skulptur prototypisch zusammen und die Frage, ob dem Künstler Eric Fischl dies gefallen würde, muss eindeutig als „rhetorisch" eingestuft werden.

Rodin, Rodin, immer wieder Rodin

Auf die Frage, wie er als Maler überhaupt zur Bildhauerei kam, antwortet Eric Fischl einfach und ehrlich – unschuldig und unvoreingenommen kam er zur Bildhauerei. Alles habe mit Fotografien angefangen, die er in Südfrankreich aufgenommen habe, um seine Malerei wieder „aufzufrischen"[16]. Da das Malen von Fotos schon länger zu seiner Arbeitsweise gehörte, tauchten fortan einige Charaktere dieser Fotografien immer wieder in mehreren seiner Gemälde auf – so dass sie ihm schon bald wie eine Theatergruppe vorkamen. Irgendwann einmal habe er die Figuren dieser Theatergruppe so gut gekannt, dass er sie sich dreidimensional vorstellen konnte. Er besorgte folglich etwas Ton und machte eine ganze Reihe kleiner Figuren.[17] Eine Figur kam zur nächsten und nach mehreren Wochen stand eine ganze Gruppe in seinem Atelier und erinnerte an seine Strandbilder: alle Charaktere waren plötzlich wieder anwesend. Zur Skulptur kam er letztlich also nur weil diese seine Malerei bekräftigen sollte. Eine Malerei, die ihm allzu vertraut geworden zu sein schien. Um dieses Ziel zu erreichen, musste er also zunächst den Umweg gehen über die relativ kruden und einfachen ersten Skulpturen aus Ton und Gips. Eine Erfahrung, die er schon einmal gemacht hatte und ebenfalls am Beginn einer künstlerischen Umorientierung stand. Damals in den späten 70er Jahren als er nach seinem Studium am Cal Arts Center im kalifornischen Valencia nach Halifax/Kanada kam, versuchte er unter dem Einfluss der Lektüre von Büchern C. G. Jungs und Joseph Campbells sich mit rituellen und symbolischen Themen einer

---

[15] „wits" ist im Englischen doppeldeutig zu verstehen. Zum einen schwingt die Bedeutung des Witz, als auch die Bedeutung der Sinne mit. In Anbetracht des historischen Hintergrundes haben wir uns entschieden dem schalkhaften Aspekt des Witzes den Vorzug zu geben.
[16] Eric Fischl, Sculpture, Gagosian Gallery, 1998, S.1.
[17] Auch Rodin hielt geradezu manisch flüchtige Posen in Tonfigürchen fest und bezog schließlich fast alles auf die unabdingbare Finalität der Realisierung des Höllentors. Jeder Entwurf war Mittel zum Zweck. Es entstand eine extrem spannungsreiche Polarität zwischen Werk und Idee. Diese Finalität besteht bei Fischl nicht in der Realisierung eines Werkes oder einer Werkidee, sondern vielmehr in der Idee des „nicht fertig seins". Vgl: Hans Belting, Rodins >Höllentor< als Drama, in: Ders., **Das unsichtbare Meisterwerk, Die modernen Mythen der Kunst**, C.H. Beck, München, 1998, S.248–256, hier S.250.

„unschuldigen" Kunst zu nähern, die ihre Formen unter anderem aus der Volkskunst entlehnte. Er schuf eine Reihe naiv anmutender Fischskulpturen aus Holz, die er bemalte und mit Sprüchen versehen, zumeist improvisierten Gebeten und Kinderliedern, an die Wand hängte.

War damals die Skulptur der Katalysator, der seinen Wunsch, der Narration nachzugeben, filterte, steht die neuerliche Auseinandersetzung mit der Skulptur unter ganz anderen Vorzeichen. Für Fischls Schaffensprozess war der Umweg über die Skulptur insofern sinnvoll, als dass der Moment der Entstellung, der für die Malerei so wichtig gewesen war, in seinen ersten unbeholfenen Skulpturen der 80er Jahre bereits eingebaut gewesen zu sein schien. „The distortion was built in already", äußerte er später einmal über diese kleinformatigen Skulpturen, die er zunächst abfotografierte, davon Gemälde schuf, die später wieder in Skulpturen mündeten – ein fortschreitender Prozess der Übersetzung und Neuerfindung, der sicher zu den besonderen Eigenheiten seines Kunstschaffens gehören.[18]

Was stellt dann überhaupt den Unterschied zwischen Malerei und Bildhauerei für ihn dar? Gemälde, so Fischl, können im Allgemeinen den banalsten Grund als auslösenden Moment haben. Skulpturen – egal wie groß oder klein sie auch sein mögen – streben unweigerlich nach Monumentalität. Malerei wiederum stoppt zwar vielleicht die Zeit, aber sie monumentalisiert sie nicht zwangsläufig. Beide haben somit ureigenste Hemmnisse, mit denen sie fertig werden müssen. Malerei hat ihren eigenen Raum, ihre eigene Größe und ihr eigenes Licht und verschwindet, wenn man sie nicht mehr länger anschaut. Skulptur muss ihrerseits mit allem bereits im Raum Existierenden in

Konkurrenz treten. Bildhauerei – so Fischl – dreht sich um die Hand – um das Machen und das Gefühl etwas zu machen – und die gesammelte Information in der Hand. Fischl führt noch genauer aus: "The sheer pleasure of using the hand with clay is irresistible. I also found that it informed my painting because I had to think about the object and the image in a different way. I had to use a different part of the brain. In painting your hand follows your eye, and in sculpture your eye follows your hand. In sculpture and in modeling the hand has a lot of information you did'nt know it had. The hand feels the form and then the eye looks to see if it looked the way it felt."[19] Körperwissen wird hier gegen geistige Kontrolle und die Rationalität des Malens zu Felde geführt.[20] Schon J. G. Herder versuchte in seinen Schriften[21] eine wahrnehmungspsychologisch-anthropologische Fundierung des Plastischen, indem er den Tastsinn als Primärform menschlicher Apperzeption bestimmte. Sie ist dem Sehen zwar an Deutlichkeit unterlegen, in Sachen Sinn- und Innerlichkeit jedoch weit überlegen. Plastik wird bei ihm zum ursprünglichen Ausdruck menschlicher Kreativität. Doch schon wenig später wird bei Hegel die Malerei als nachantike „romantische" Kunstform schlechthin inthronisiert und wird diese Stellung wohl nicht so schnell wieder abgeben. Dieser Wandel vom Tast- zum Sehbild, den er damit auslöste, wird nicht umsonst die „kapitalste Umorientierung der Kunstgeschichte"[22] genannt.

Geht es um das Ausdruck der menschlichen Figur, den Eric Fischl an der Bildhauerei interessiert, unterscheidet er ganz bewusst zwischen Pose und Posture, also zwischen der gewählten und inszenierten Pose und der ungesteuerten und unbewussten Körperhaltung. Ein posierender Körper ist für ihn Thema der Abstraktion, ja sogar

---

[18] Eric Fischl, Sculpture, Gagosian Gallery, 1998, hier: S.2.
[19] Eric Fischl, "On Sculpture," in **Eric Fischl 1970–2000**, The Monacelli Press, New York, S. 252.
[20] Eric Fischl, Sculpture, Gagosian Gallery, 1998, hier: S.4.
[21] Vgl. J.G. Herder, Plastik. Einige Wahrnehmungen über Form und Gestalt aus Pygmalions bildender Träume, 1778
[22] Viktoria Schmidt-Linsenhoff, Plastisch /Malerisch, in: **Metzlers Lexikon Kunstwissenschaft, Ideen, Methoden, Begriffe**, Herausgegeben von Ulrich Pfister, Verlag J.B.Metzler, Stuttgart, Leipzig, 2003, S. 273–278, hier: S. 267.

des Formalismus und lässt wenig Emotion oder gar Psychologie zu. Die Körperhaltung (posture) ist anders – denn sie speichert alle Erfahrungen. Körperhaltung ist das Ergebnis des fast schon epischen Kampfes zwischen inneren und äußeren Kräften, die er zum Beispiel bei Michelangelo, Rodin und Giacometti am Werke sieht. „Körperhaltung wie Skulptur selbst ist unauslöschbar." So sein Credo und vielleicht darf man ihm, als dem amerikanischen Maler schlechthin in Anbetracht der Namen seiner Helden doch nicht glauben, wenn er sagt „Europa ist in meinem Werk nicht vorhanden."[23]

Zwar werden in Bezug auf Fischls Skulpturen verschiedentlich auch andere kunsthistorische Bezüge genannt, wie z.B. Aristide Maillols **La Rivière** (1938–1943), zumeist bedient man sich aber eher dem Vergleich mit Auguste Rodin. Ein Vergleich, der sich aufdrängt und von Eric Fischl auch keinen Falls geleugnet wird. Wie könnte er auch, schließlich gibt er mit Rodin und Giacometti die beiden Antipoden moderner Bildhauerei immer wieder als seine Vorbilder an. Hans Belting titulierte Auguste Rodin einmal zu der Leitfiguren einer „ersten Krise der Moderne", da er um das Ideal der „absoluten Kunst" kämpfte, wie außer ihm höchstens noch Paul Cézanne. Diese „absolute Kunst" zeigte sich an einem obsessiven Ringen um eine noch „unentdeckte Form, […] in der sich für ihn eben das Geheimnis der Kunst verbarg".[24] Wahrscheinlich ist Fischl in diesem zum Scheitern verdammten Streben Rodin tatsächlich so nahe wie kein anderer lebender Künstler – weder ästhetisch noch inhaltlich. Rodin als der künstlerische Urgroßvater Fischls? Warum nicht? Beiden kann man nachsagen, dass sie die Suche nach etwas Übergeordnetem zu ihrem Projekt machten.

„Der wahre Künstler hilft der Welt durch die Enthüllung mystischer Wahrheiten"[25]

Die berühmte Neonarbeit des amerikanischen Künstlers Bruce Nauman mit dem endloslangen Titel findet sich unvermittelt in einem der Gemälde Eric Fischls wieder: in **Dining Room. Szene 2**" (2003) malte er sie beiläufig neben anderen Kunstwerken (von Gerhard Richter und Andy Warhol) an die Schlafzimmerwand. Während die zitierten Werke im Gemälde Eric Fischls hängen und höchstens auf Grund ihrer Identifizierbarkeit wirken, taucht das speziell Naumannsche Neon-Leuchten das ganze Bild in eine eigenartige Atmosphäre. Die Wahl genau dieser Arbeit in seinem Gemälde eine tragende Nebenrolle zu geben, kann nicht zufällig gewesen sein kann. Der Umgang mit dem Licht ist ohnehin ein Knackpunkt in seiner Arbeit, mit ihr verleiht er dem Momenthaften Dauer, und die Schatten verankern alles an seinem Platz.[26] Mit welcher mystischen Wahrheit jedoch der wahre Künstler der Gesellschaft hilft, ist letztlich die Frage, die durch alle Arbeiten Fischls hindurchzuwirken scheint. Sie zu beantworten ist unmöglich, aber eines scheint offensichtlich zu sein: Die Aufgabe, dem Körper das Sinnliche zurückzugeben und aus seiner mehrfach codierten fleischlichen Hülle aus Fett, Haaren, Sehnen und Muskelsträngen und den dahinter im geheimen operierenden Genen eine Innerlichkeit zu entlocken und dieses nach außen zu kehren – was nur unzureichend mit den Begriff Psychologie gefasst werden kann, darin liegt meines Erachtens das Hauptanliegen und das große Können des Künstlers Eric Fischl.

[23] Beschreiben als Verführung. Eric Fischl im Dialog mit Frederic Tuten, in: **Eric Fischl. Gemälde und Zeichnungen 1979–2001**. Ausstellungskatalog Kunstmuseum Wolfsburg, Ostfildern Ruit: Hatje Cantz, 2003, S. 27–31, hier: S. 29.
[24] Hans Belting, Das unsichtbare Meisterwerk, Die modernen Mythen der Kunst, C.H. Beck, München, 1998, S. 233.
[25] Im Original: „The True Artist Helps the World by Revealing Mystic Truths (Window or Wall Sign)", 1967
[26] ähnlich äußerte sich Robert Rosenblum in: Martin Hentschel (Hg.), **Eric Fischl, The Krefeld Project**, Ausstellungskatalog Museum Haus Esters, Krefeld, 2003, hier: S. 16.

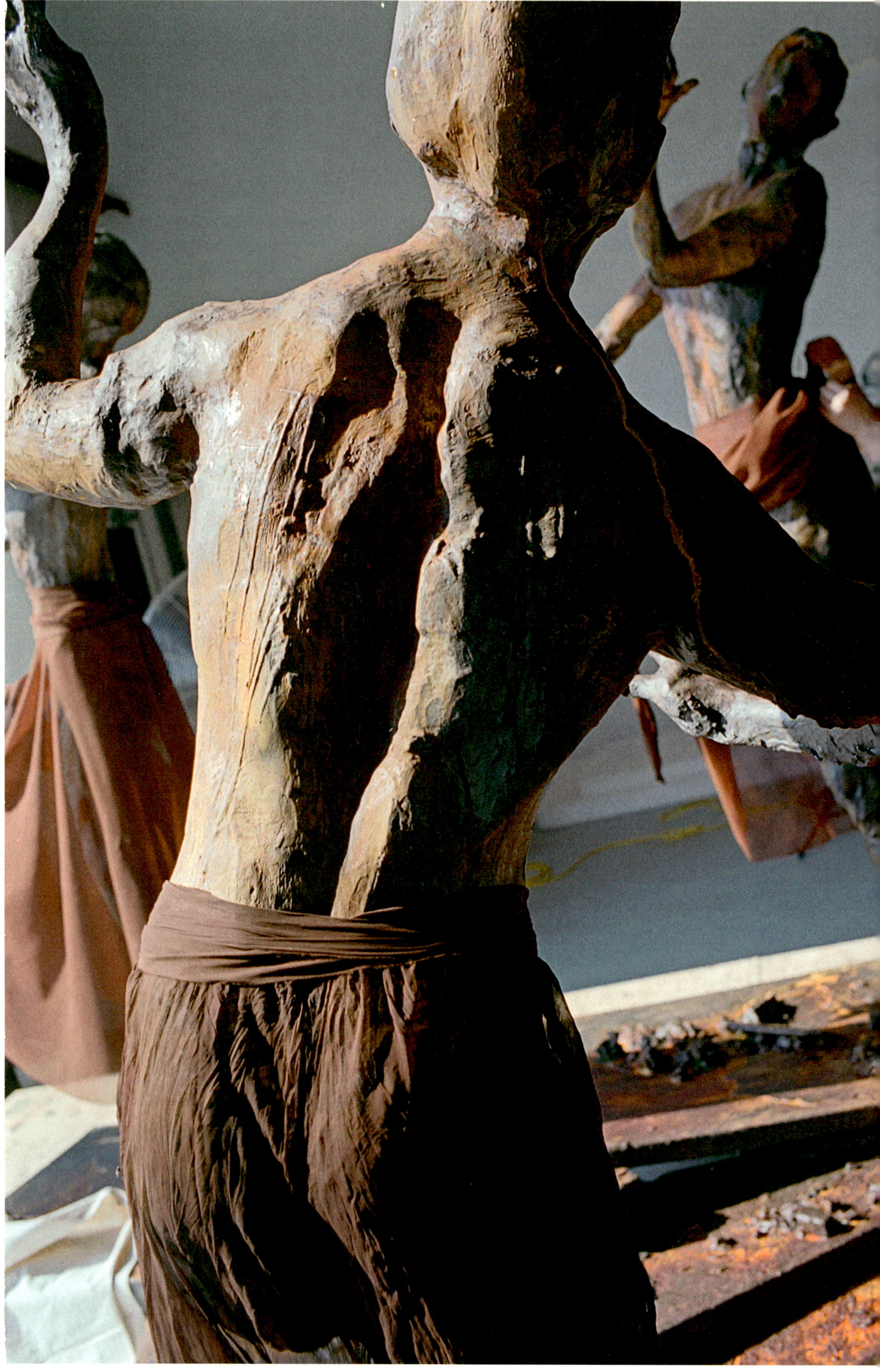

Ten Breaths between Euphoria and Melancholy

or "The Return of the Body" in the Art of Eric Fischl

By Frank-Thorsten Moll

"What fascinates and inspires me is that we can make likeness
of ourselves that are so animated, it is we who become frozen in our awe.
It is we who become sculpture."

Eric Fischl

Return of the Body

We have tried everything to get rid of it. We have conquered it upon the field of theory, insulted and mocked it, and repeatedly removed it from the list of terms permissible in elevated discourse. The process was a gradually creeping one, however, beginning with Descartes' surgically precise separation of mind and body—a dualism whose impact continues today and which mostly operates in favor of the mind. Since that time, the most exalted project of the arts and sciences has been to cast off the outdated shell of the corporeal. Some sought salvation in objectless and hence bodiless abstraction; others endeavored by means of inventions to render the body downright superfluous. The structuralists ultimately proved that the body is interwoven with codes and that for their part, these codes generate effects proceeding out of it. The story could come to an end here, but—it almost seems like a miracle—the body has reemerged and presents itself now more insistently than ever. Hartmut Winkler[1] recently observed that the body has suddenly thrust itself back into theory with a vengeance—a situation which is viewed by many as a sort of scandal. Retrospective: the year is 1979 and in America there explodes—in a figurative sense—a painterly bomb. Erich Fischl's **Sleepwalker** (1979) is a direct slap in the face of a public that is positively hungering for narrative elements after a long Minimalist and Conceptual dry spell. To be seen is a boy who is masturbating in a children's' wading pool and whose dreamy concentration has an all the more aggressive and disturbing effect. Yet not only the subject, but even more the manner of painting gave

---

[1] Cf. Hartmut Winkler, " Schmerz, Wahrnehmung, Erfahrung, Genuß. Über die Rolle des Körpers in einer mediatisierten Welt" (Pain, Perception, Experience, Pleasure. On the Role of the Body in a Mediatized World), in Stephan Porombka & Susanne Schamowski (editors), **Phänomene der Derealisierung** (Phenomena of Derealization), Vienna 1999, pp. 211–223; this text may be found at http://wwwcs.uni-paderborn/~winkler/koerp_d.html, status: 10.30.07.

rise to heated discussion. Artists and theoreticians wondered whether realistic painting was still legitimate in the present age. The body as a realistically painted, proverbially pictorial presence suddenly announced its return and along with it came narration, which brought back into piggybacking play the humanism of classical modernism. Fischl was clearly not the only protagonist of this development, nor was he the first (at this point I would like to mention only Philip Guston, whom Fischl admires). But he was certainly the one artist who, along with Georg Baselitz, provoked the loudest cry of outrage. Several authors[2] discerned a veritable irony of (art) history in the fact that the two fundamental elements of art which the avant-gardes of the twentieth century had rejected and attacked were now achieving new currency in Eric Fischl's painterly (and sculptural) works. These aspects are realism and narration—affixed to painted bodies which entered into reciprocal relationship upon the canvas.

That which was already happening in art at the beginning of the nineteen-eighties did not, of course, go unnoticed by theory. In the German-language domain, it was above all Dietmar Kamper who had great success with books such as **Die Wiederkehr des Körpers**[3] ("The Return of the Body"), and who became the precursor of a new theoretical line of attack which in recent years has been gratefully taken up by art historians.[4] At the same time, however, it was already necessary at that time to issue a reminder that this turn towards the body is not without its dangers. In 1982 Dietmar Kamper himself warned of the "swoon of the senses" which seemed to be capitulating before the expansion of the entire corporeal element.[5]

On the Swoon of the Senses—Tumbling Woman

Contrasting cut! We have abandoned the theoretical field and now enter the cupola-covered Hall Three of the kestnergesellschaft, which is submerged in a theatric staging of light. The windows have been covered over, no daylight enters, and luminous accents are provided solely by the shimmer to the right and left coming from the separated arcade corridors, and by the theater spotlights which guide our gaze towards two figures in the main space. On the one hand, we see **Fallen Angel** (2007), an angel which, like a Renaissance putto, hangs from the ceiling and strives against it, so to speak, as if it wished to break through its boundary and leave the space behind. On the other hand, we see **Tumbling Woman** (2007), the most important sculpture of the entire exhibition, lying alone in the middle of the space. The figure of a naked women, simultaneously lying and falling as it were, presents a disturbing image. Is she situated just before a painful and perhaps even deadly impact? At the same time, however, she appears light and weightless. The collision clearly lies in the future. Death, or to speak metaphorically, the great fall is still to come. We hold our breath and, lost in our thoughts, count perhaps to ten before we breathe further. The artist would certainly have nothing against this, inasmuch as he has given the exhibition the richly significant title **Ten Breaths**. He first considered calling the exhibition **Tenebrae**, which is the Latin word for "shadows" and would not have been less mysterious—on the contrary. **Tenebrae** became **Ten Breaths**, and which of the thirteen figures must remain unbreathing is reserved for the fantasy of the viewer.

As we are calling all this to mind, the **Tumbling Woman** continues to fall relentlessly onward through the space and thereby seems so vulnerable

[2] For example Robert Rosenblum, "Erich Fischl," in Martin Hentschel (ed.), **Eric Fischl, The Krefeld Project**, exhib. cat. Museum Haus Esters, Krefeld, Kerber Verlag, Bielefeld 2003, here p. 14.

[3] Dietmar Kamper & Christoph Wulf (eds.), **Die Wiederkehr des Körpers**, Frankfurt am Main 1982.

[4] See here above all Hans Belting, **Bild-Anthropologie, Entwürfe für eine Bildwissenschaft** (Image Anthropology, Outlines for a Science of Images), Wilhelm Fink Verlag, Munich 2000, here p. 91.

[5] Dietmar Kamper & Christoph Wulf (eds.), **Das Schwinden der Sinne** (The Swoon of the Senses), Frankfurt am Main 1984.

that it is downright painful to watch her in that ongoing descent. Her senses seem to swoon, and in fact she appears more like a dream figure that is gliding downward weightlessly. The porous surface, the concomitant intimation of energetic nervousness, and the play of light and shadow caused by the dramatic illumination offer confirmation of that which is a widespread observation about the familiar paintings of the artist, namely that, as the starting-point of his art, there is always a human drama which may be read, not only in the motifs and protagonists, but also and especially in the interplay of light and shadow.[6] With logical consistency, Kay Heymer identifies the particular and individual quality of Fischl's works precisely in these personal dramas which are played out in everyday life.[7]

If we turn our gaze back to the falling angel on the ceiling, however, we become additionally aware of two powerful forces which seem to wrench the two figures violently apart. Inexorable falling encounters carefree floating, and at once we have before our eyes the quality of the painter Eric Fischl, who already in his paintings and drawings knows how to employ restricted but effective means to intensify the tension between two persons to so great an extent that the feeling of loneliness cannot be endured further. In his sculptures and the accompanying works on paper, however, the scenic irritations which we know from his paintings have almost totally disappeared. The current watercolors and sculptures depict naked persons, pure and concentrated, free of the limitations of a particular time and space. "No grace but gravity, one might say," is Heymer's concise and extremely apposite summation.[8] And Richard Prince observes with equally telling laconism: "That's what art should be … no clothes."[9]

Falling Figures in Art

In his paintings, Fischl mostly stages those moments which have taken place shortly before or after an incredible action. His sculptures are somewhat less legible in this regard, for the stories lie within puzzles and there is no inventory, no piece of furniture, not the tiniest prop to furnish us with information about the actual situation.

But even **Tumbling Woman** cannot dispense with a narrative aspect and makes reference to a concrete historical moment which still today colors its interpretation. We are referring to September 11, 2001, the day of destiny which was to change the lives of most people in various ways. Fischl first attempted to work out a response to the event in watercolors and lithographs. The falling human figure thereby becomes a dominant motif and, in the words of Carolin Bohlmann, "introduces something transcendent in his works on paper."[10] The isolated bodies find no footing in relation to a stabilizing background—they fall through the unclear space of the paper with nowhere to hold fast. The endeavor to gain mastery over the fearful happening by means of art ultimately resulted in a bronze-cast version of the falling figure, which the artist first kept in the private surroundings of his studio—**Tumbling Woman** (2002) had been born. When on the occasion of an exhibition commemorating September 11, he exhibited the work publically at Rockefeller Center, no one—least of all the artist himself—had expected the outrage which was suddenly ignited around the figure of the falling woman. He was criticized for a "sculptural photo-journalism"[11] which sullied the memory of those persons who were caught on the upper floors and saw their only way out in the leap to a certain death. The sculpture was withdrawn, although Eric Fischl earnestly and absolutely

[6] Martin Hentschel, "Stationen eines Dramas. Eric Fischls Krefeld Project" (Stages of a Drama. Eric Fischl's Krefeld Project), in ibid., **Eric Fischl, The Krefeld Project**, exhib. cat. Museum Haus Esters, Krefeld 2003, pp. 26–31, here p. 26.

[7] Kay Heymer, in **Eric Fischl, Sculpture and Watercolor**, Jablonka Galerie, Cologne 2006, pp. 7–9, here p. 7.

[8] Ibid., p. 7.

[9] Richard Prince, "Like a Jay Bird," in **Eric Fischl, New Paintings**, Mary Boone Gallery, New York 2005.

[10] Carolin Bohlmann, "Fragile Schichtungen, Überlegungen zur Technik von Eric Fischls Arbeiten auf Papier" (Fragile Layerings, Considerations about the Technique of Eric Fischl's Works on Paper), pp. 112–115, in **Eric Fischl. Gemälde und Zeichnungen 1979–2001** (Eric Fischl. Paintings and Drawings 1979–2001), exhib. cat. Kunstmuseum Wolfsburg, Hatje Cantz, Ostfildern Ruit 2003, here p. 115.

[11] Annelie Lütgens, "Touched. Körper, Raum und Licht bei Eric Fischl" (Touched. Body, Space and Light in the Works of Eric Fischl), pp. 21–27, in **Eric Fischl. Gemälde und**

hurt the feelings of no one whatsoever, but instead sought to give a suitable artistic expression to the emotions of pain and sadness. Annelie Lütgens as well subsequently came to offer support when, in 2003, she wrote that she was now more inclined to see in the sculpture a gesture of reconciliation, for the figure hovers more than that it slams down, so that the painful association with all those who saw themselves compelled to leap from the WTC towers is thereby extremely attenuated.[12]

But the wound which has entered the history books under the name of 9/11 was too recent for the public to be able or to desire to assent to this perspective. Fischl's **Tumbling Woman** became a homeless sculpture without a fitting site and space. The artist could have been warned, however, for one year before there had been a quite heated discussion concerning a picture by the photographer Richard Drew of an up-to-now still unidentified man who with bent left leg plummets down straight as an arrow before the façade of the World Trade Center. The photograph had barely made the rounds through the newspapers when it was withdrawn, and the press engaged in self-censorship. The picture lives on, however, in the underground of digital pictorial archives and is today considered to be one of the most important images for presenting the horror of September 11. Furthermore, **The Falling Man** became the subject of a documentary film with the same title, and in addition gave its name to the recently published novel by Don DeLillo.[13]

Fischl, for whom photography always represents the medium of awkwardness, was certainly familiar with the photograph, but as a motif it was certainly of no interest at all, for it depicts the man as if his flight had frozen into a pose, as if he had full control over himself and his descent, which it was impossible for him to have—as is clearly shown by the other pictures by the same photographer.

Even if the falling figure is not new in terms of art history, it is rendered extraordinarily interesting by Eric Fischl's treatment. With Auguste Rodin (**The Gates of Hell**) or with Max Beckmann (**The Falling Man**, 1950), to name only two artists, it is always men who are falling—and the statement is thereby of course quite a different one. Viewed historically, the falling man is always a failure, someone who has neither accomplished his mission nor reached his goal. He topples because of himself and his limited possibilities, or he is overturned by someone who simply has more possibilities, is more powerful, and above all is more unscrupulous. The falling woman, in contrast, expresses an inordinately greater degree of vulnerability and unprotectedness. Through the destruction of the female aspect, clearly more is lost, for the death of the woman is simultaneously the demise of the symbol of the (potential) mother and the desirable woman. Thus Fischl directly involves the viewer in the feeling of pity when he says, "All in all, the work gives us the feeling that we failed to protect her."[14]

Damage, Congress of the Wits and Samaritans

Spatially separated but contentually linked with this scene, the remaining eleven of the total of thirteen sculptures crowd into Hall Four. Each of them, regardless of whether it is viewed in a group or as an individual sculpture, conveys the impression of being in its own way a witness to the happening around **Tumbling Woman**. Even though they function not only as commentary and extension, nevertheless they seem to be subsidiary or lateborn,

[12] Ibid.
[13] 9/11: The Falling Man, by Henry Singer, camera: Richard Numeroff, broadcast on 03.16.06 on Channel 4 in Great Britain and later repeated on various American stations. The Wikipedia article on The Falling Man is located at: http://7en.wikipedia.org/wiki/The_Falling_Man, status 11.01.2007.
[14] Unpublished e-mail conversation from 11.04. 2007 between Eric Fischl and Frank-Thorsten Moll.

as if their identity as a group always stood in relation to a quite specific incident in history. The sculptures of the **Samaritans**, for example, seem through their summons to active charity to offer an answer to the question of how it might have been possible to help the falling woman. Empathy as the first step towards practiced charity is, of course, not least of all a term of aesthetic discourse and an essential component of the relationship between viewer and artwork. With the four-person group **Congress of the Wits**, Fischl makes reference to the cultural practice of the pasquinade, which gave the residents of Rome from 1501 onward the opportunity of blaspheming the Pope in public. Pasquino was the name of a severely dilapidated, ancient statue which in 1501 was placed in the Parione district at Pasquino Square, where it still stands today. The statue was solemnly dedicated by Cardinal Oliviero Carafa, decorated with loving care, and provided with a toga and Latin epigrams. A ritual had been born, for from then on, the Romans attached their complaints written in verse form to this statue, right before the eyes of the authorities. Things spun totally out of control when other statues were hauled to the site so as to constitute a **Congress of the Wits**,[15] with Pasquino as its chairman. This made it possible for the humblest of Romans to vent his anger in a creative manner without courting the danger of being punished. The collected complaints were known as pasquinades and may be found in numerous books. At this site, art and life coincided prototypically under the protection of the ancient statue, and the question as to whether this would please the artist Eric Fischl must clearly be regarded as "rhetorical."

Rodin, Rodin, again and again Rodin

In response to the question as to how, as a painter, he came to make sculptures, Eric Fischl replies simply and honestly that he approached sculpture in an innocent and unprejudiced manner. Everything began with photographs which he had taken in southern France in order to "freshen up" his painting.[16] Inasmuch as painting on the basis of photographs had long belonged to his work procedure, from then on several characters of these photographs appeared repeatedly in various paintings, so that they soon seemed to him like a theatrical troupe. At some point, he was so familiar with the figures of this theatrical troupe that he was able to imagine them in three-dimensional terms. Accordingly, he obtained some clay and fashioned a series of small figures.[17] One figure led to the next one, and after a few weeks an entire group stood in his studio and recalled his beach pictures: All the protagonists were suddenly present once again. Hence he arrived at sculpture only because it was intended to reinforce and revitalize his painting, a mode which seemed to have become all too familiar to him. In order to reach this goal, he had to first make a detour via the relatively crude and simple, initial sculptures made out of clay and plaster. This was an experience which had befallen him once before, and which likewise had stood at the beginning of an artistic reorientation. Back then in the late nineteen-seventies, when after his studies at Cal Arts Center in Valencia, California he arrived in Halifax, Canada, he responded to the influence of reading books by C.G. Jung and Joseph Campbell by attempting, through ritual and symbolical themes, to approach an "innocent" art which borrowed its forms, among other sources, from popular art. He created out of wood a series of seemingly naïve

[15] "Wits" may be understood in a double sense. On the one hand, there is the meaning of the joke, and on the other, the senses. In view of the historical background, we have decided to give precedence to the waggish aspect of "wits."
[16] Eric Fischl, **Sculpture**, Gagosian Gallery, 1998, here p. 1.
[17] Rodin as well, in a downright manic fashion, recorded fleeting poses in clay figures, and ultimately set almost everything in relation to the inevitable finality of the realization of **The Gates of Hell**. Each design was the means to an end. There arose an extremely dynamic polarity between work and idea. In the case of Fischl, this finality lies, not in the idea of a work or a work idea, but rather in the idea of "remaining unfinished." Cf. Hans Belting, "Rodin's **The Gates of Hell** as Drama," in ibid., **Das unsichtbare Meisterwerk, Die modernen Mythen der Kunst** (The Invisible Masterpiece, The Modern Myths of Art), C.H. Beck, Munich 1998, pp. 248–256, here p. 250.

ish-sculptures which he painted and provided with slogans, mostly improvised prayers and children's songs, before hanging them on the wall.

If back then sculpture was the catalyzer which filtered his desire to pursue a narrational approach, the more recent involvement with sculpture involves a different perspective. The detour through sculpture made sense for Fischl's creative process insofar as the aspect of distortion, which was so pivotal for the paintings, seemed already to be contained in his first, awkward sculptures of the nineteen-eighties. "The distortion was built in already," he later observed with regard to these small-format sculptures that he first photographed and then transformed into paintings which later again culminated in sculptures—an ongoing process of transfer and reinvention, which most certainly belongs to the particular characteristics of his artistic creation.[18]

What is it then which represents for him the actual difference between painting and sculpture? Fischl says that paintings can in general have the most trivial basis as their point of departure. Sculptures—regardless of how big or small they may be—strive without fail after monumentality. Painting, on the other hand, perhaps brings time to a standstill, but it does not inherently monumentalize the temporal element. Painting possesses its own space, its own size and its own light, and it disappears when one no longer gazes at it. Sculpture must for its part enter into competition with everything that already exists in the surrounding space. According to Fischl, sculpture revolves around the hand—around the act of production and the feeling of making something—and around the information collected in the hand. He explains in more detail: "The sheer pleasure of using the hand with clay is irresistible.

I also found that it informed my painting because I had to think about the object and the image in a different way. I had to use a different part of the brain. In painting your hand follows your eye, and in sculpture your eye follows your hand. In sculpture and in modelling the hand has a lot of information you didn't know it had. The hand feels the form and then the eye looks to see if it looked the way it felt."[19] Bodily knowledge is here placed in opposition to mental control and the rationality of painting.[20] Already J.G. Herder had endeavored in his writings[21] to find a basis for sculpture in the psychology of perception as well as in anthropology inasmuch as he designated the sense of touch as the primary form of human apperception. It is admittedly inferior to the sense of sight in terms of clarity, but vastly superior with regard to sensuality and inwardness. For Herder, sculpture becomes the primal expression of human creativity. Yet only a little later with Hegel, painting was enthoned as the quintessential post-classical, "Romantic" art-form, and it was not so quickly inclined to relinquish this exalted position. This shift from a haptic to a visual image which Hegel thereby set in motion has not without reason been called "the most fundamental reorientation in art history."[22]

Inasmuch as what interests Eric Fischl in sculpture is the expressiveness of the human figure, he quite consciously distinguishes between pose and posture, in other words between the selected, staged pose and the uncontrolled, unconscious posture. A posing body is in his view a theme of abstraction even of formalism, and allows very little emotion or even psychology. Posture is different—for it stores all experiences. Posture is the result of an almost epic battle between inner and outer forces which he sees at work, for example, in the creations of

[18] Eric Fischl, Sculpture, Gagosian Gallery, 1998, here p. 2.
[19] Eric Fischl, "On Sculpture," in Eric Fischl 1970–2000, The Monacelli Press, New York, p. 252.
[20] Eric Fischl, Sculpture, Gagosian Gallery, 1998, here p. 4.
[21] Cf. J.G. Herder, Plastik. Einige Wahrnehmungen über Form und Gestalt aus Pygmalions bildender Träume (Sculpture. Some Observations on Shape and Form from Pygmalion's Creative Dream), 1778.
[22] Viktoria Schmidt-Linsenhoff, "Plastisch/Malerisch" (Sculptural/Painterly) in Metzlers Lexikon Kunstwissenschaft, Ideen, Methoden, Begriffe (Metzler's Dictionary of Art History. Ideas, Methodology, Terms), edited by Ulrich Pfister, Verlag J.B. Metzler, Stuttgart/Leipzig 2003, pp. 272–278, here p. 277.

Michelangelo, Rodin and Giacometti. "Posture, just like sculpture itself, is inerasable." So runs Fischl's credo, and in view of the names of his heroes one perhaps ought not to believe him, even as the quintessential American painter, when he says, "Europe doesn't exist in my works."[23]

It is true that with respect to Fischl's sculptures, on various occasions other art-historical references are also named, such as Aristide Maillol's **La Rivière** (1938–1943), for instance, but most often there is recourse to the comparison with Auguste Rodin, a juxtaposition which is quite compelling and which is in no way denied by Eric Fischl. This would scarcely be possible, inasmuch as with Rodin and Giacometti, he repeatedly names as his models the two antipodes of modern sculpture. Hans Belting once cited Auguste Rodin as one of the leading figures of a "first crisis of modernism," because he fought for the ideal of "absolute art" as did no one else, except perhaps Paul Cézanne. This "absolute art" was evident in an obsessive wrestling with a still "undiscovered form [...] in which he believed the very mystery of art to be concealed."[24] Fischl is probably nearer to Rodin than any other living artist with respect to this endeavor which is doomed to failure, in terms of both aesthetics and contents. Rodin as the artist great-grandfather of Fischl? Why not? One can say about both artists that they based their individual project on the search for something transcendent.

The True Artist Helps the World by Revealing Mystic Truths [25]

The famous neon work with the endlessly long title, by the American artist Bruce Nauman, appears abruptly in one of Eric Fischl's paintings: **In Dining Room. Scene 2** (2003), he painted it parenthetically on the bedroom wall along with other works of art (by Gerhard Richter and Andy Warhol). Whereas the other quoted works hang in Eric Fischl's painting and achieve an effect which at the most is due to their identifiability, Nauman's special neon lights plunge the entire picture into a peculiar atmosphere. It cannot be a matter of chance that this specific work was selected to play a pivotal if supporting role in Fischl's painting. The treatment of light is in any case a central aspect of his œuvre, by means of which he imparts duration to the momentary, and furthermore the shadows anchor everything in its place.[26] What mystical truth it is through which the true artist helps society, however, is ultimately the question that seems to run through all of Fischl's works. It is impossible to answer this question definitively, but one thing seems to be obvious: The task of restoring the sensual aspect to the body, of coaxing an inwardness out of its variously coded, fleshly exterior consisting of fat, hair, tendons and strands of muscle, and turning this inwardness in an outward direction—a process which can be only insufficiently summarized with the term of psychology—this endeavor is, in my opinion, the primary concern and the profound talent of the artist Eric Fischl.

[23] "Beschreiben als Verführung. Eric Fischl im Dialog mit Frederic Tuten" (Description as Seduction). Eric Fischl in Conversation with Frederic Tuten), in **Eric Fischl. Gemälde und Zeichnungen 1979–2001**, exhib. cat. Kunstmuseum Wolfsburg, Hatje Cantz, Ostfildern Ruit 2003, pp. 27–31, here p. 29.

[24] Hans Belting, **Das unsichtbare Meisterwerk, Die modernen Mythen der Kunst**, C.H. Beck, Munich 1998, here p. 233.

[25] The title in its entirety is **The True Artist Helps the World by Revealing Mystic Truths (Window or Wall Sign)**, 1967.

[26] A similar view is expressed by Robert Rosenblum in Martin Hentschel (ed.), **Eric Fischl. The Krefeld Project**, exhib. cat. Museum Haus Esters, Krefeld 2003, here p. 16.

S. | p. 34, 43–46

Details von | Details of
Kongress der Witzigen | Congress of Wits
2007

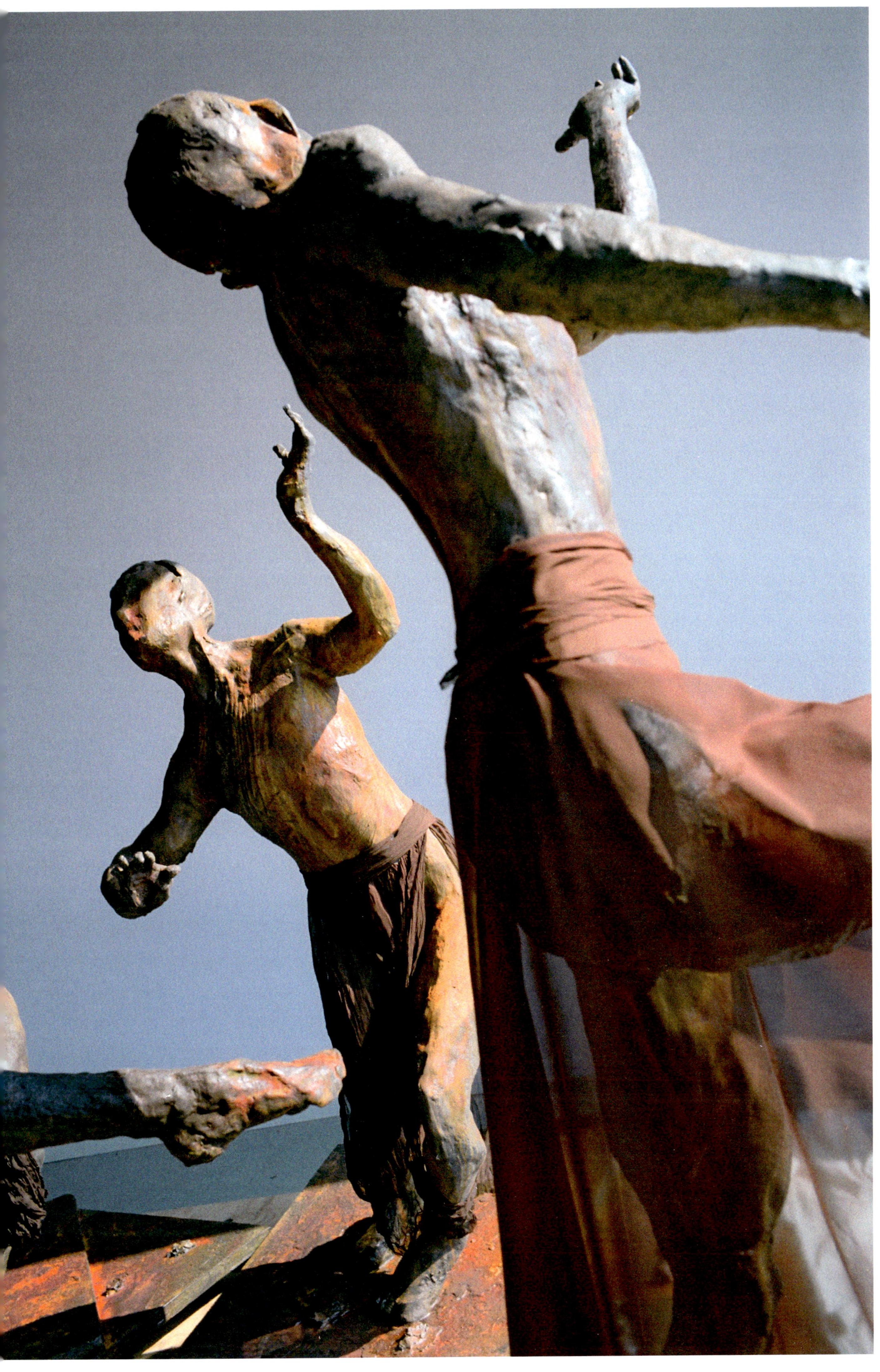

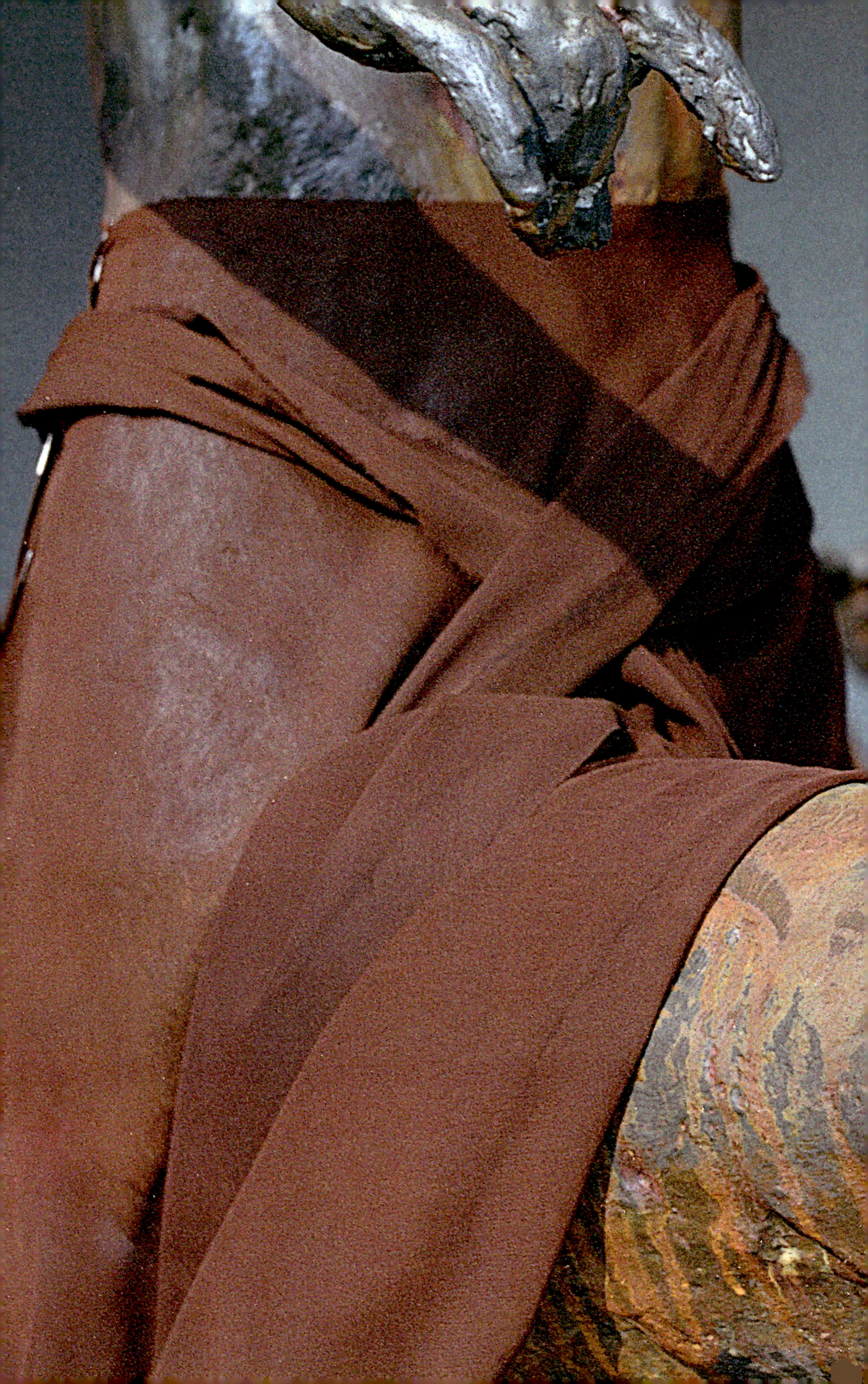

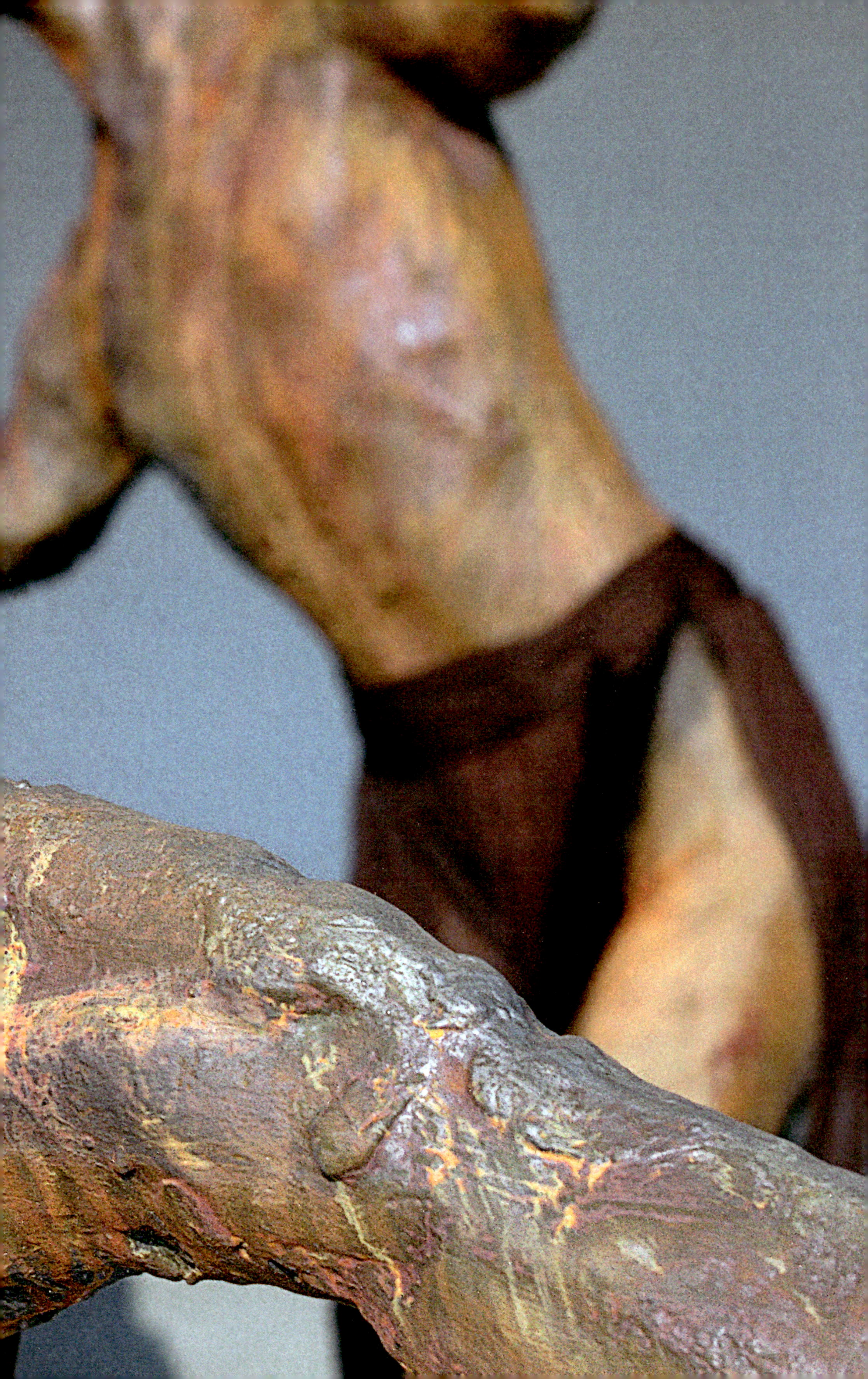

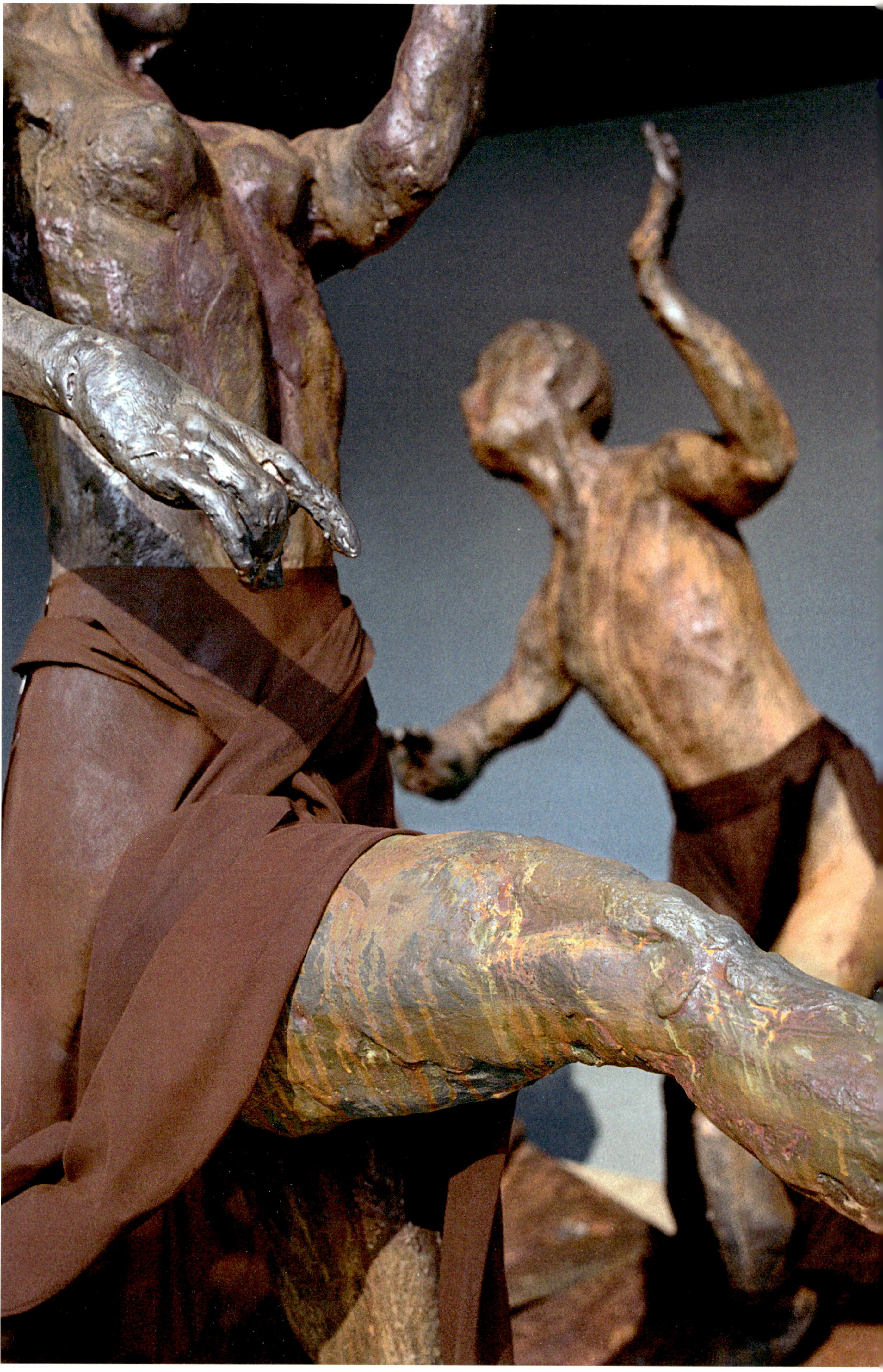

Zwei Räume in der kestnergesellschaft

Von Kay Heymer

Das zentrale Thema des amerikanischen Künstlers Eric Fischl ist der menschliche Körper. In seiner Malerei hat er sich in den vergangenen Jahren zunehmend auf allgemein gültige Konstellationen menschlicher Existenz konzentriert, während sein Frühwerk stärker von den psychischen und sexuellen Deformationen des Heranwachsens in der US-amerikanischen Vorstadtkultur geprägt war. Eric Fischl hat schon früh kleinformatige Skulpturen gemacht, um sich die szenischen Konstellation für ein Bild dreidimensional vor Augen führen zu können. Diese frühen Skulpturen wurden vom Künstler bemalt, um eine stärkere, „realistischere" Plausibilität zu erlangen. Sie haben den Charakter plastischer Skizzen. Wie sein gesamtes Werk seit Beginn der 1980er Jahre, basieren auch diese kleinen Skulpturen auf Fotografien. Grundsätzlich ist Fischls Verfahren das der Collage. Aus mehreren Fotografien montiert der Künstler seine Szenen, die in ein Bild münden. Die Übersetzung der fotografischen Motive in ein handgemachtes Verfahren – sei es nun Zeichnung, Malerei oder Modellieren mit Ton oder Gips – erlaubt es, die Brüche der Fotocollage zu verschleifen, nahezu unsichtbar werden

zu lassen. Fischls Figuren und Gegenstände tragen den Prozess ihrer Entstehung, ihres Gemachtseins auf der Haut. In den Gemälden ist es häufig das Licht, an dem sich ahnen lässt, dass die dargestellten Personen und Gegenstände aus unterschiedlichen fotografischen Quellen stammen.

Die erwähnten kleinformatigen Skulpturengruppen hat Eric Fischl nie veröffentlicht. Sie waren in ihrem Status als Skizzen zu unbestimmt, um als Werke eigenen Ranges ausgestellt werden zu können. Erst im Jahr 1992 schuf Fischl seine erste eigenständige Skulptur. Seit diesem Jahr entstand eine relativ kleine, überschaubare Gruppe meist einzelner Figuren oder Zweiergruppen, die Fischls Interesse an szenischer Verdichtung – weg von anekdotischen Details – gut entsprachen. An seinen Skulpturen wurde Fischls Hauptanliegen besonders deutlich – er ist ein Schilderer des menschlichen Fleisches, einer unverstellten, sinnlichen Körperlichkeit ohne Idealisierung, die man in der avantgardistischen Kunst des 20. Jahrhunderts schon für verschwunden gehalten hatte. Fischl hat zu Recht auf den Schritt von Rodin zu Giacometti hingewiesen, ein Schritt zur Verleugnung des menschlichen Körpers, der für die Entwicklung der Skulptur im 20. Jahrhundert fatale Folgen hatte. Wo der menschliche Körper noch auftauchte, war er in der Regel ein toter Abguß – wie etwa bei George Segal, oder eine fotorealistische Puppe – wie bei Duane Hanson. Die Skulpturen von Eric Fischl sind dagegen lebhaft modelliert und verleugnen weder die Fleischlichkeit ihrer Körper noch die Sinnlichkeit des Modelliervorgangs. Entsprechend wurden Fischls Skulpturen meist als überflüssige Neufassungen von Rodin missverstanden – als sei es heute nicht mehr nötig oder zeitgemäß, sich mit dem menschlichen Körper in Form von Skulptur auseinander zu setzen. Fischls Verhältnis zur Zeit macht seine Werke jedoch zu gültigen Aussagen. Er zeigt lebensvolle und doch überzeitliche Körper ohne Details, die ihre konkrete Stellung in der Geschichte festschreiben würden. Gleichzeitig bleibt ihre Künstlichkeit klar erkennbar. Die Kunst von Eric Fischl zeigt uns Augenblicke größter Intimität im Leben anderer Menschen und zwingt uns so, uns selbst in diesen anonymen, aber äußerst persönlichen Charakteren wieder zu erkennen.

Die Skulptur **Tumbling Woman** löste im Herbst 2002 einen Skandal aus. Mit ihr wollte Fischl an die Opfer der Terroranschläge vom 11. September 2001 erinnern. Sie sollte zum Gedenken an dieses schreckliche Ereignis auf dem Vorplatz des Rockefeller Center aufgestellt werden. Sie ist die Darstellung einer namenlosen, anonymen Frau im Augenblick ihres Sturzes. Obwohl die Skulptur eine unbekleidete Frau zeigt, die durch ihre Darstellung den Schrecken der stürzenden Menschen, die aus den Fenstern der brennenden Türme des World Trade Center sprangen, metaphorisch überhöht, war sie vielen Betrachtern noch zu konkret und löste zu große Schmerzen aus, um als Mahn-

mal für diesen Anschlag akzeptiert werden zu können. Die Kritik verstieg sich zu problematischen Vorwürfen: Man warf Fischl Schamlosigkeit und strategische Sensationsgier vor, sprach von einem Fall von „skulpturalem Fotojournalismus".[1] Diese Reaktion war sicher übertrieben, und Fischl Sensationslust und Spekulation vorzuwerfen, zeugt von mangelndem Respekt vor dem Anspruch des Künstlers auf Wahrhaftigkeit. Es ist eine traurige Ironie, dass das Scheitern der **Tumbling Woman** als Mahnmal einige Kritiker zur Behauptung verlanlaßte, abstrakte Skulpturen seien als Mahnmale für derartige Ereignisse besser geeignet. Der Mensch müsse also aus der Erinnerung an unmenschliche Katastrophen herausgehalten werden. Eric Fischls **Tumbling Woman** bleibt eine aufrichtige und kraftvolle Mahnung.

Für die Ausstellung in der kestnergesellschaft hat Eric Fischl zwei Räume gestaltet, in denen Skulpturen eine zentrale Rolle spielen. Sie sind aber mehr als einfache Skulpturen. Es handelt sich um theatralische Inszenierungen, die in den Worten des Künstlers „allem widersprechen, was Skulptur leisten sollte: Vignetten, Erzählung, Kostüme! und Theaterbeleuchtung." Dieser Essay kann die beiden Arbeiten nicht beschreiben, denn sie werden erst zur Eröffnung der Ausstellung zum ersten Mal zu sehen sein. Für den Künstler ist das ein nie versuchtes, erhebliches Risiko. Bisher sind nur Detailaufnahmen der beiden Werke sowie eine sehr allgemeine Charakterisierung bekannt. Fischl hat einige seiner früheren Skulpturen für diese zwei Räume wieder verwendet und so in einen neuen Kontext versetzt. Außerdem nutzte er die Erfahrungen, die er mit seinen kleinformatigen Skulpturengruppen sammeln konnte, die er als Hilfsmittel zur szenischen Konstruktion seiner Gemälde benutzt hatte. Die

---

[1] Zusammenfassung bei: Peter Springer: **Das verkehrte Bild. Inversion als bildnerische Strategie.** Delmenhorst – Berlin, 2004, S. 296ff.

spektakulärste Inszenierung wird sicher die neue Präsentation der **Tumbling Woman** in der großen Halle der kestnergesellschaft sein. Die Skulptur wird in der Mitte der Halle auf dem Boden präsentiert. Die Halle wird dunkel sein, die Skulptur wird mit Strahlern ausgeleuchtet. Wie ein Engel aus einer barocken Verkündigungsszene wird eine kleine weibliche Figur an der Hallendecke aus einem Stern heraus auf die Skulptur am Boden weisen. Es ist ein lebendes Bild von visionärer Kraft zu erwarten. Menschliches Leid und menschliche Hoffnung werden hier zu einer dramatischen Einheit.

Das zweite Bild dieser Ausstellung ist erdverbundener, variiert jedoch das Thema des ersten Raumes. Eine Szenerie wie nach einer Katastrophe ist zu sehen: Verwundete werden unter großen Anstrengungen vom Ort eines nicht näher bestimmbaren Grauens weg – in Sicherheit? – geschleppt. Diese endzeitliche Szene wird von einem Chor stehender, kostümierter Frauen flankiert, die in einer Mischung aus Verzweiflung und Teilnahmslosigkeit auf den Schrecken zu ihren Füßen blicken. Fischl hat seine Figuren anonymisiert und doch sind ihre Körper und Gesichter voll Ausdruck und stummer Aufforderung zur Anteilnahme. Sie machen betroffen.

Fischls neue Skulpturengruppen für die kestnergesellschaft sind Bilder menschlicher Grausamkeit und menschlichen Leids. In Anbetracht dieser schweren Thematik ist es irrelevant, über Fragen gattungsgemäßer Gestaltung zu räsonieren. Der Künstler hat einfach getan, was nötig ist, um Bilder zu schaffen, die aufrütteln und Hoffnung verleihen. Sie fordern uns alle auf, dem Leid zu begegnen, wo immer es verursacht wird. Sie fordern Freiheit und Anteilnahme. Eric Fischl ist ein amerikanischer Humanist.

**Details von | Details of
Schaden | Damage
2007**

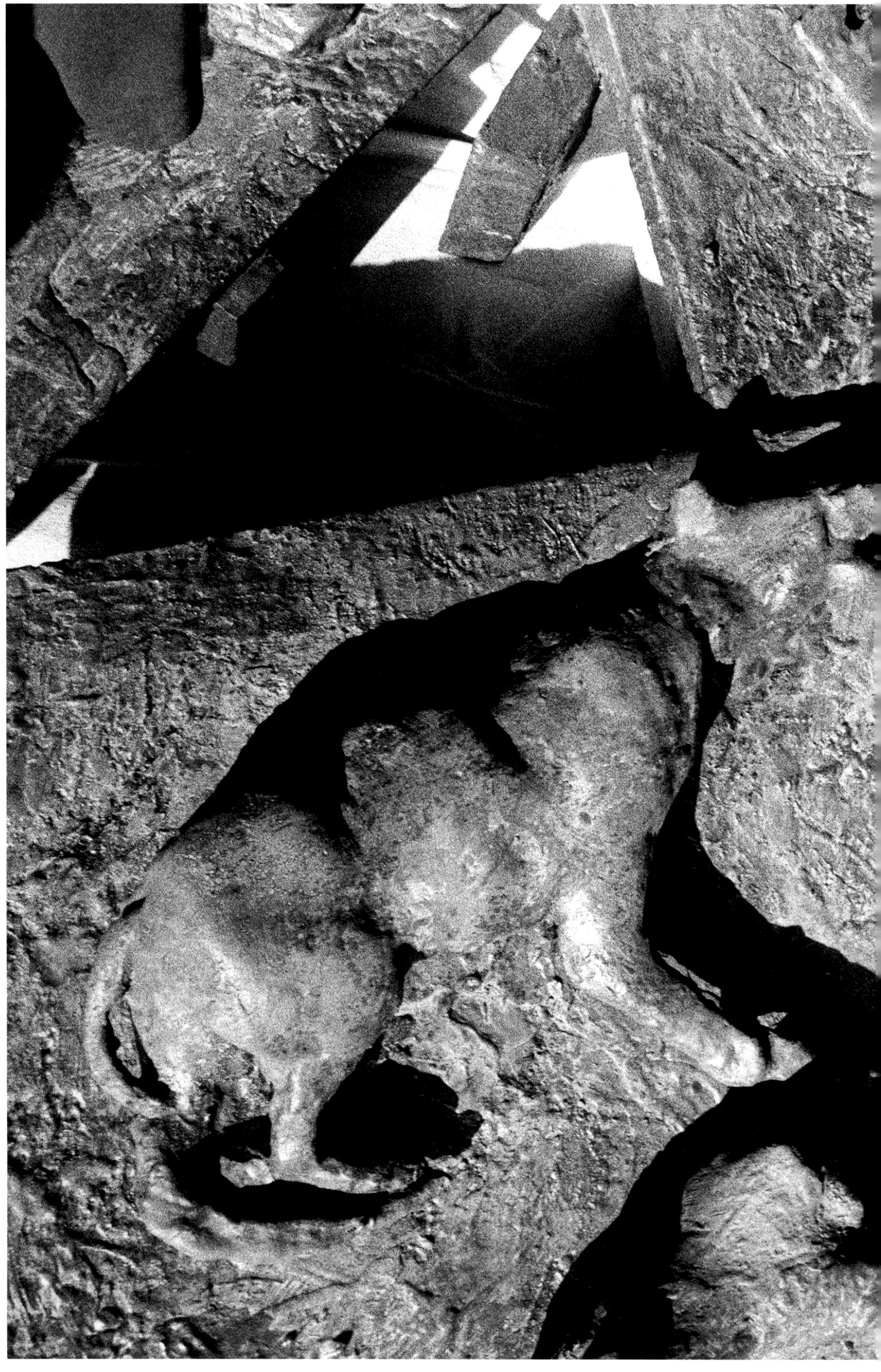

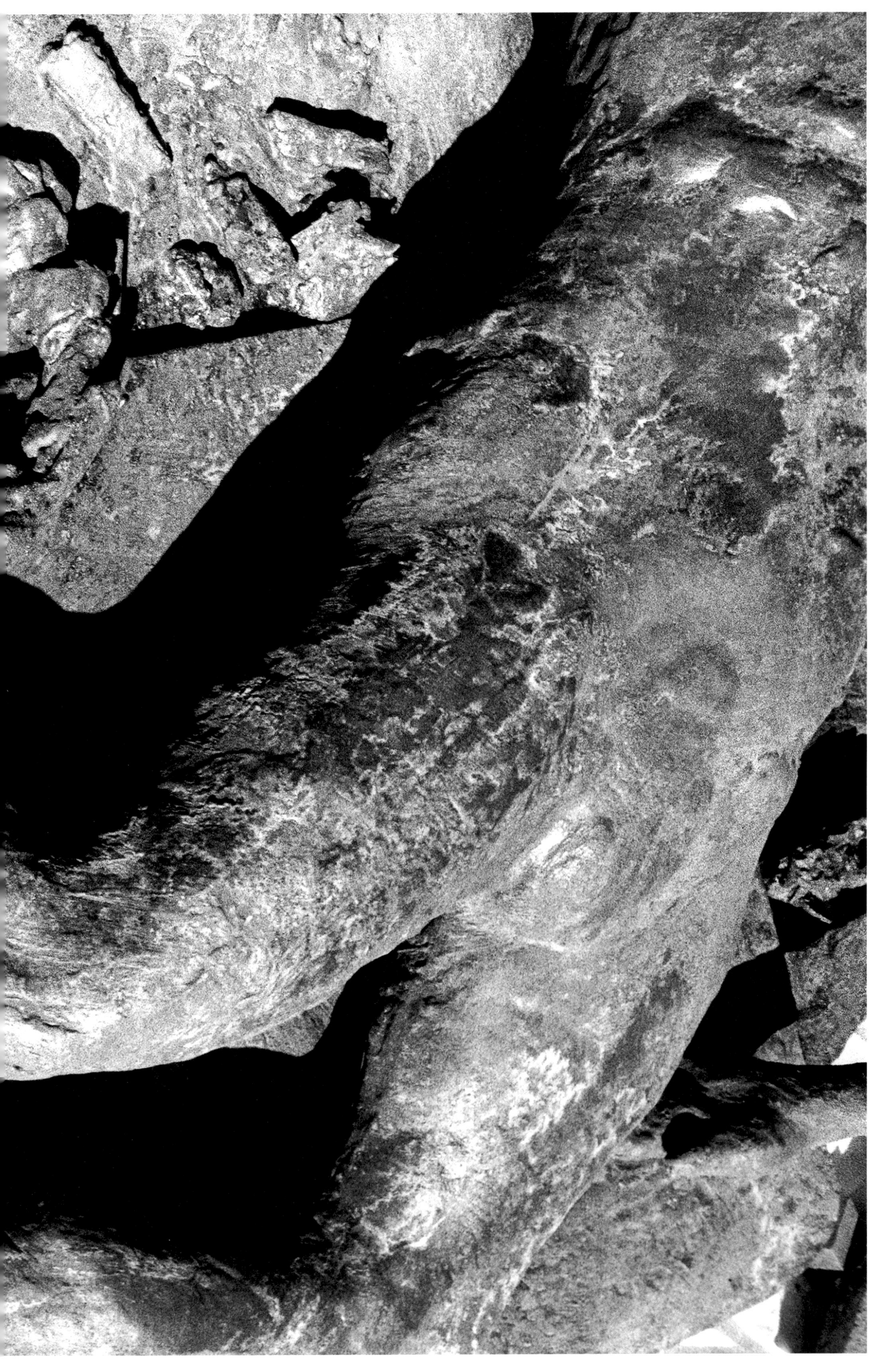

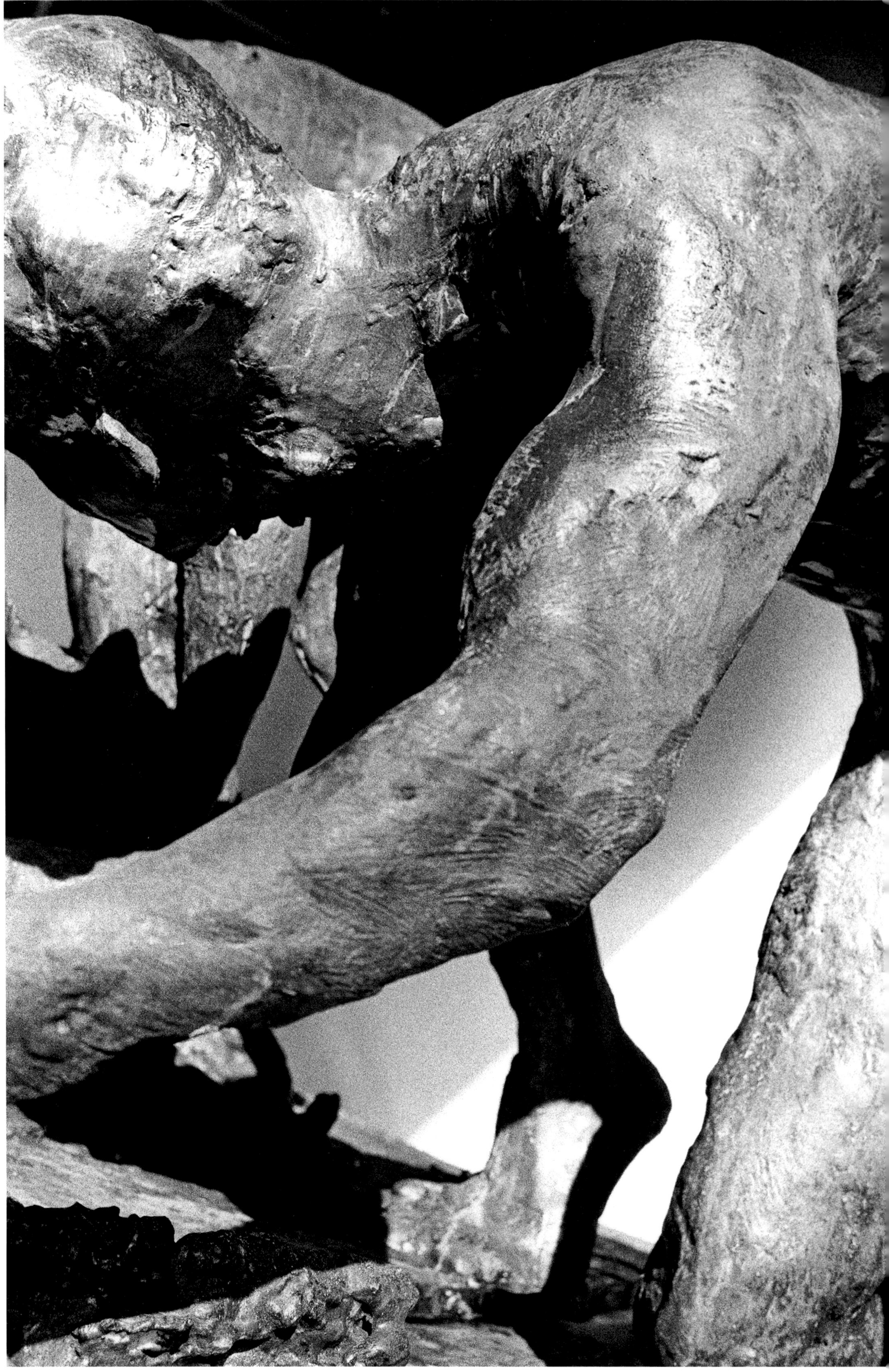

Two Rooms
in the kestnergesellschaft

By Kay Heymer

The central theme of the American artist Eric Fischl is the human body. With his paintings, he has concentrated more and more in recent years on generally valid constellations of human existence, whereas his early work was even more vividly marked by the psychological and sexual deformations of growing up in the suburban culture of the USA. Early in his career, Eric Fischl already made small-format sculptures in order to present to three-dimensional view the scenic constellation for a picture. These early sculptures were quite small, and the artist painted them in order to attain a more powerful, more "realistic" plausibility. They have the character of sculptural sketches. Just like his entire work since the beginning of the nineteen-eighties, these small sculptures are also based on photographs. Fischl's basic procedure is that of collage. Out of several photographs, the artist assembles his scenes which culminate in a picture. The transfer of the photographic motifs into a manual procedure—whether it be drawing, painting or modeling with clay or plaster—makes it possible to smooth over the breaks in the photo collage, to make them almost invisible. Fischl's figures and objects bear directly upon their skin the process of their creation, their physical fashioning. In the paintings, it is frequently the light which gives rise to the intimation that the depicted persons and objects are derived from different photographic sources.

Eric Fischl never presented publically the aforementioned, small-format sculptural groups. In their status as sketches, they were too indefinite to be exhibited as works of art on their own terms. It was only in 1992 that Fischl created his first independent sculpture. From that year on, there has arisen a relatively small, straightforward group of mostly individual figures or pairs which corresponded well to Fischl's interest in scenic condensation and his rejection of anecdotal details. The artist's primary concern became particularly clear in his sculptures—he is a describer of human flesh, the recorder of an undistorted, sensual corporeality without idealization which had been considered to have disappeared in the avant-gardist art of the twentieth century. Fischl has rightly called attention to the step from Rodin to Giacometti, a step towards the denial of the human body which had unfortunate consequences for the further development of sculpture in the twentieth century. There where the human body still appeared, it was as a rule a lifeless cast—as with George Segal—or a photorealistic doll—as with Duane Hanson. The sculptures of Eric Fischl, on the other hand, are modeled with vitality and deny neither the fleshiness of their bodies nor the sensuality of the modeling process. Accordingly, Fischl's sculptures have mostly been understood as superfluous reworkings of Rodin—as if it were today no longer necessary or topical to respond to the human body through the medium of sculpture. Fischl's relationship to time, however, transforms his works into valid statements. He depicts bodies which are full of life and yet timeless, without details which would pin down their specific place in history. At the same time, however, their artificiality remains clearly recognizable; the art of Eric Fischl shows us moments of deep intimacy in the lives of other persons and thereby compels us to recognize ourselves in these anonymous but highly personal characters.

The sculpture **Tumbling Woman** caused a scandal in the autumn of 2002. With this striking sculpture, Fischl wanted to commemorate the victims of the terrorist attacks on September 11, 2001; it was intended to be displayed in the plaza in front of Rockefeller Center as a memorial to this horrible event. The sculpture is the representation of a nameless, anonymous woman at the instant of her fall. Although the sculpture depicts an unclothed woman whose representation metaphorically exaggerates the terror of the falling persons who leapt out of the windows of the burning towers of the World Trade Center, nonetheless the work was too concrete for many viewers and occasioned too deep a pain for it to be accepted as a memorial to this attack. The critics had the presumption to make problematic reproaches: Fischl was accused of shamelessness and strategic sensationalism; there was talk of this being a case of "sculptural photojournalism."[1] This reaction was certainly exaggerated, and to accuse Fischl of sensationalism and speculation testifies to a lack of respect for the artist's claim to truthfulness. It is a sad irony that the failure of **Tumbling Woman** as a memorial led some critics to assert that abstract sculptures are more suitable as memorials for events of that sort. The implication is that human beings should be kept out of the remembrance of inhuman catastrophes. On the contrary—Eric Fischl's **Tumbling Woman** remains a sincere and powerful memorial.

For the exhibition in the kestnergesellschaft, Eric Fischl has designed two rooms in which sculptures play a central role. But they are more than simple sculptures. It is a matter of theatrical stagings which, in the words of the artist, "contradict everything that sculpture is supposed to achieve: vignettes, narration, costumes! and theater lighting." This essay cannot describe the two works, because they will be seen for the first time at the opening of the exhibition. For the artist, this represents a heretofore unattempted, significant risk. Up to now, only photographs of details of the two works as well as a quite general characterization are known. Fischl has reused several of his earlier sculptures for these two rooms and thereby set them into a new context. Furthermore, he has made use of the experiences which he was able to gather with his small-format sculptural groups that he had employed as aids to the scenic construction of his paintings. The most spectacular staging will certainly be the new presentation of **Tumbling Woman II** in the large hall of the kestnergesell-

---

[1] There is a summary of these criticisms in Peter Springer, Das verkehrte Bild. Inversion as bildnerische Strategie (The Reversed Image. Inversion as Artistic Strategy), Delmenhorst-Berlin 2004, p. 296 ff.

schaft. The sculpture will be exhibited in the middle of the hall on the floor. The hall will be dark and the sculpture will be illuminated with spotlights. Like an angel from a Baroque annunciation scene, a tiny female figure on the hall's ceiling will point from a star towards the sculpture on the floor. One can expect a living image of visionary power. Human suffering and human hope will merge here into a dramatic unity.

The second image of this exhibition is more closely linked to the earth but varies the theme of the first room. A scene as if after a catastrophe is presented to view: The wounded are being dragged away with great effort—to safety?—from the site of an unspecified horror. This apocalyptic scene is flanked by a chorus of standing, costumed women who, in a mixture of despair and indifference, gaze at the horrible event happening right before their feet. Fischl has made his figures anonymous, yet their bodies and faces are full of expressivity and issue a silent summons to empathy. They have an overwhelming impact.

Fischl's new sculptural groups for the kestnergesellschaft are images of human cruelty and human suffering. In view of the oppressive theme, it is irrelevant to debate about questions of what designs are suitable for what genres. The artist has simply done what is necessary in order to create images which arouse with a jolt and impart hope. They call each one of us to encounter suffering wherever it is caused. They demand freedom and empathy. Eric Fischl is an American humanist.

S. | p. 57–61

Details von | Details of
Kongress der Witzigen | Congress of Wits
2007

S. | p. 62

Detail von | Detail of
Samariter | Samaritan
2007

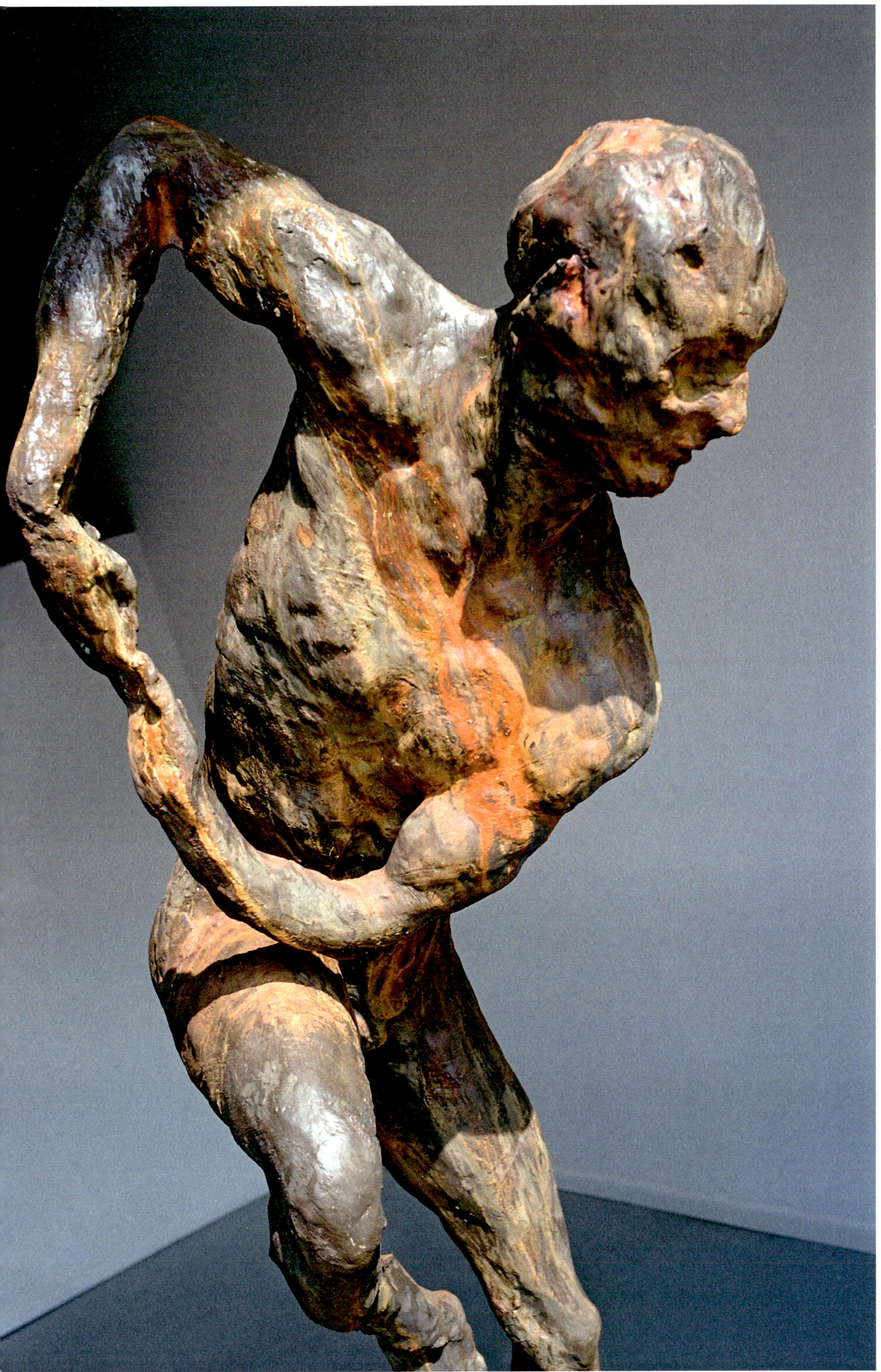

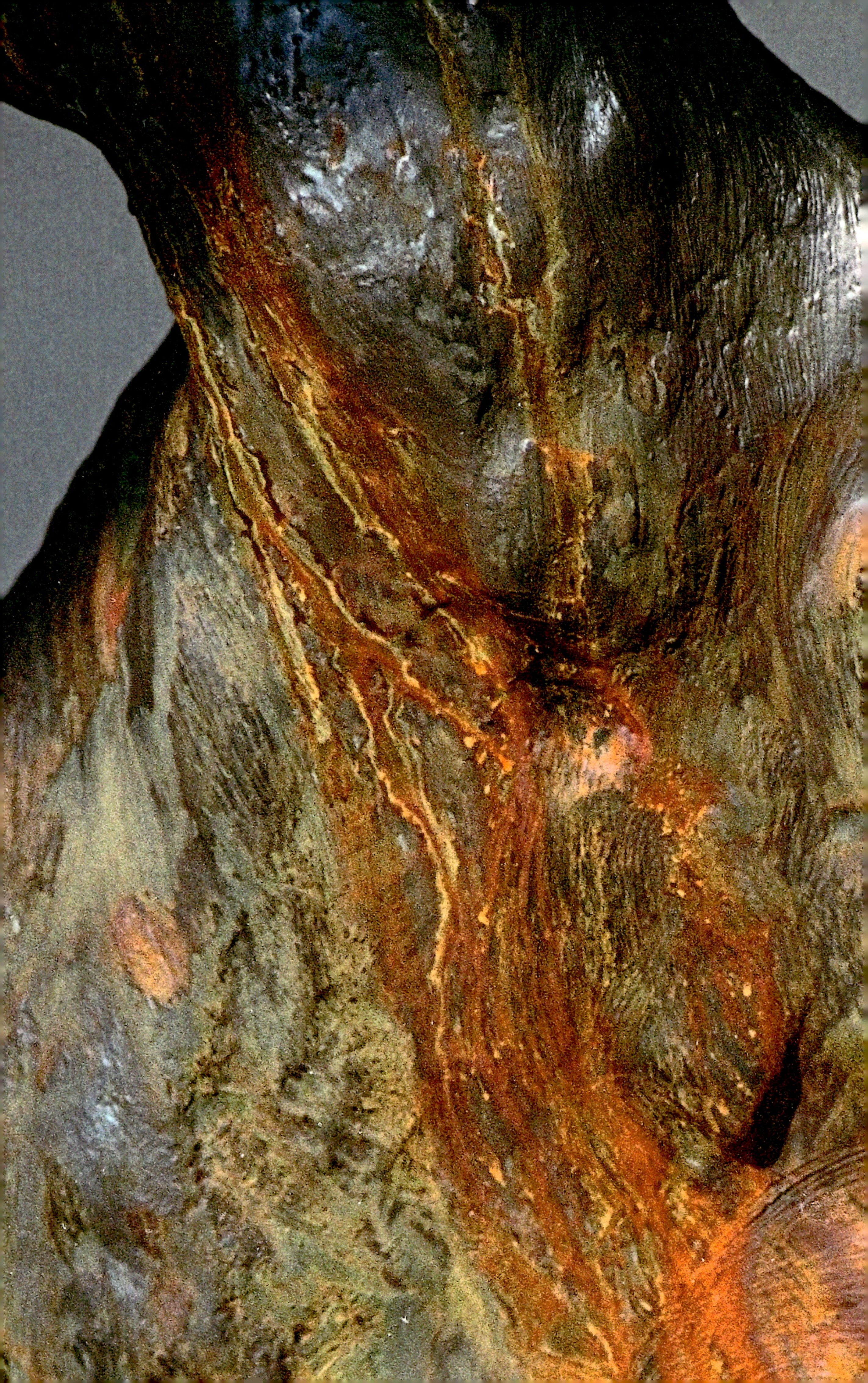

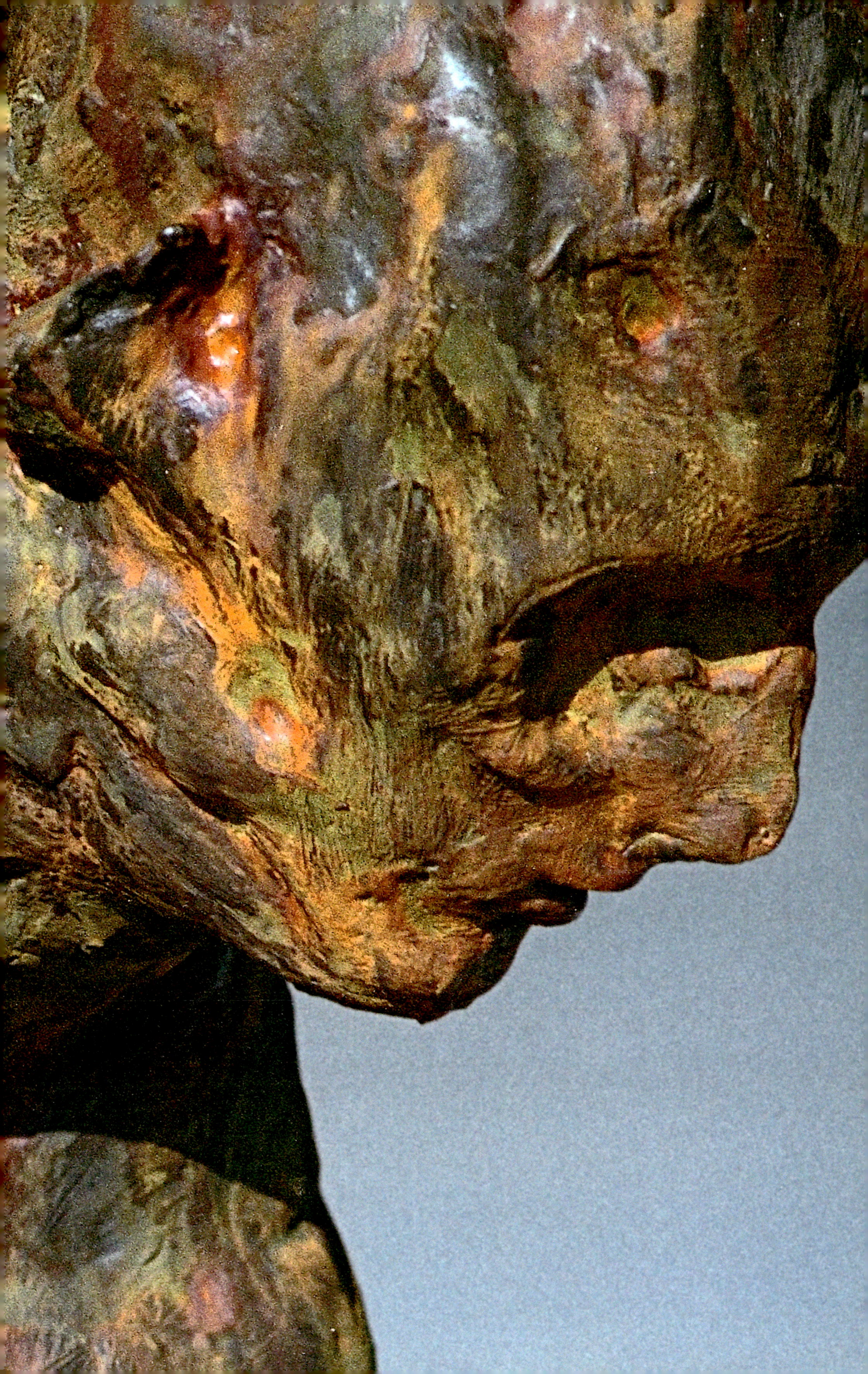

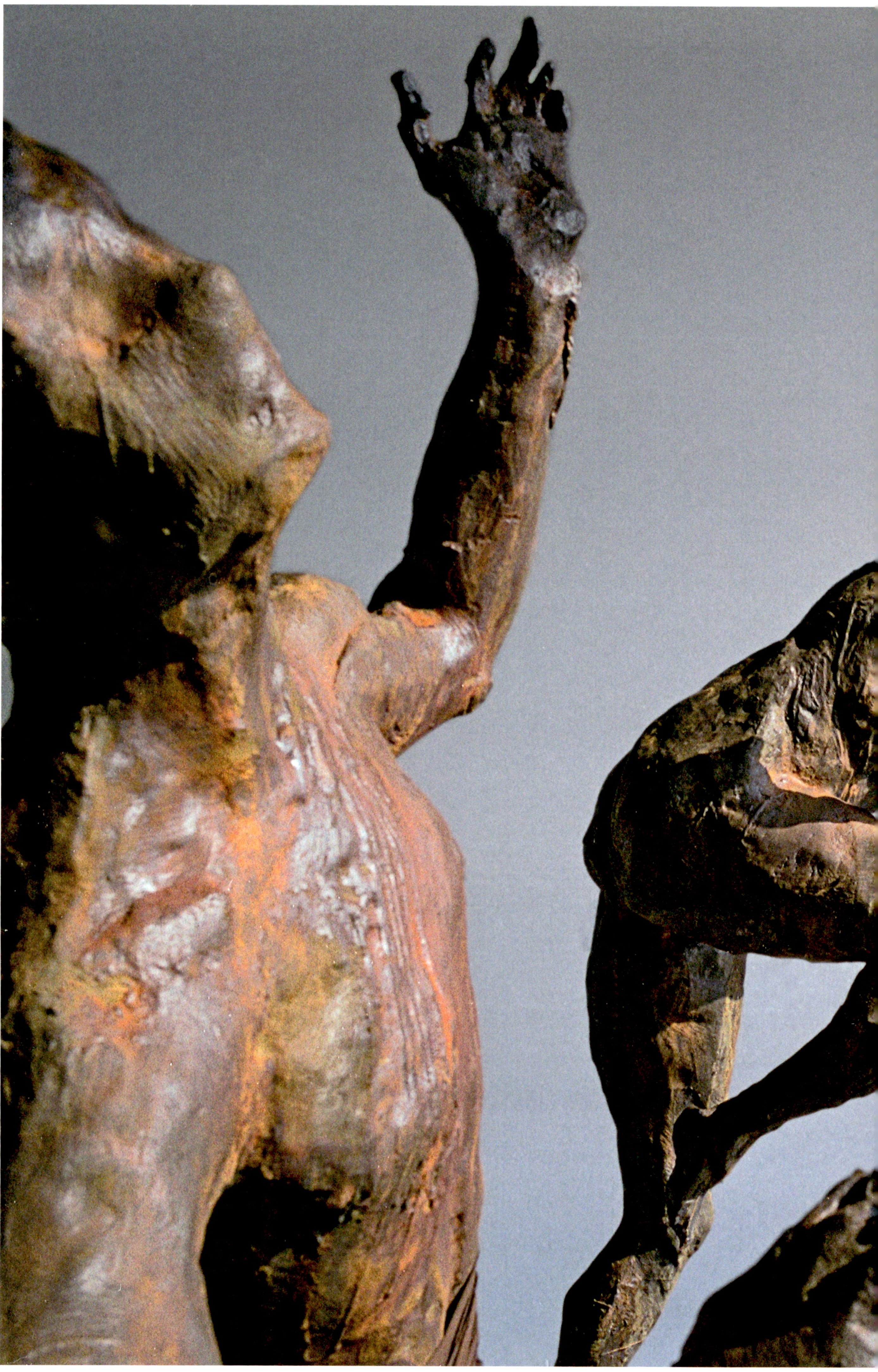

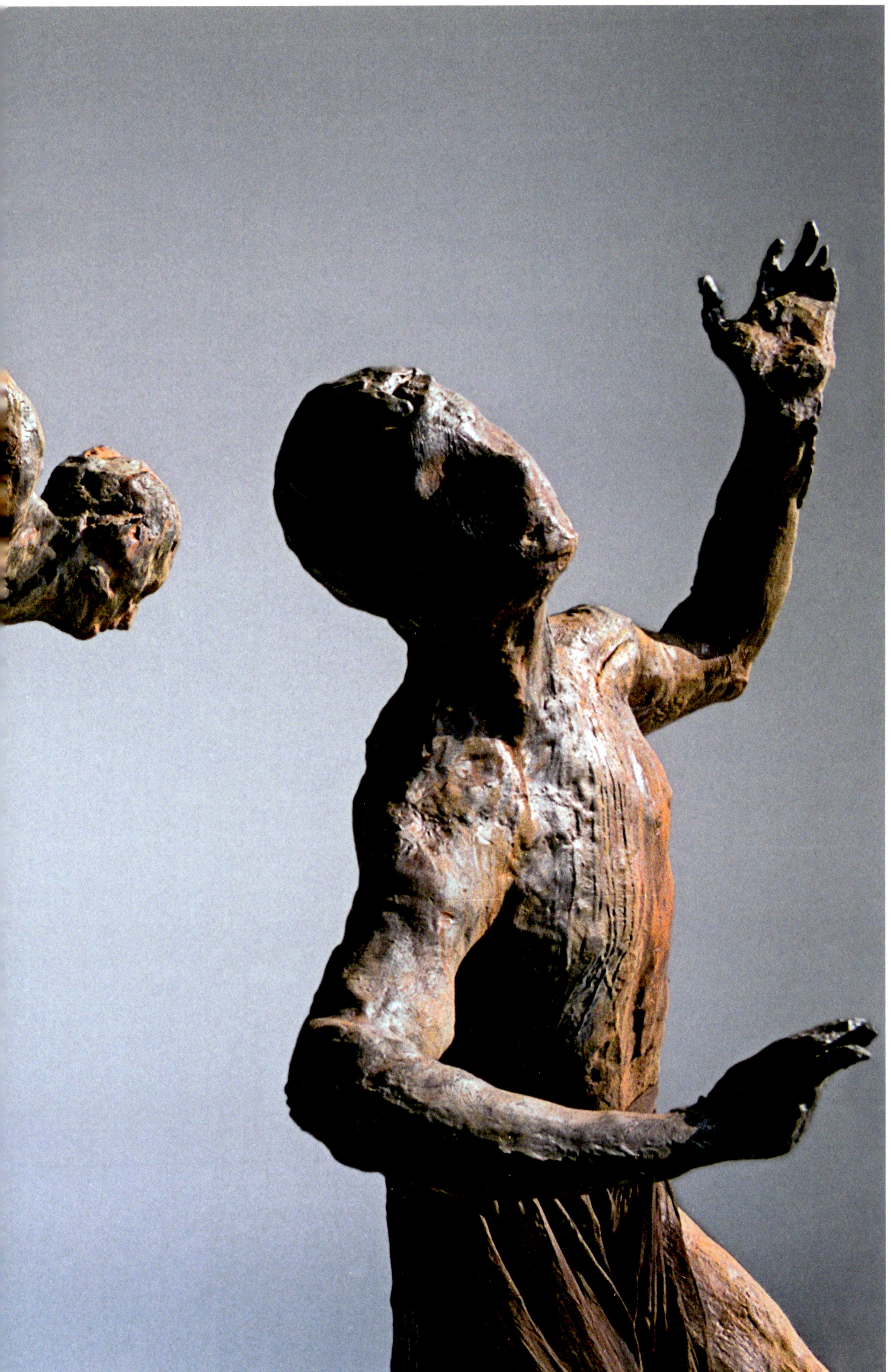

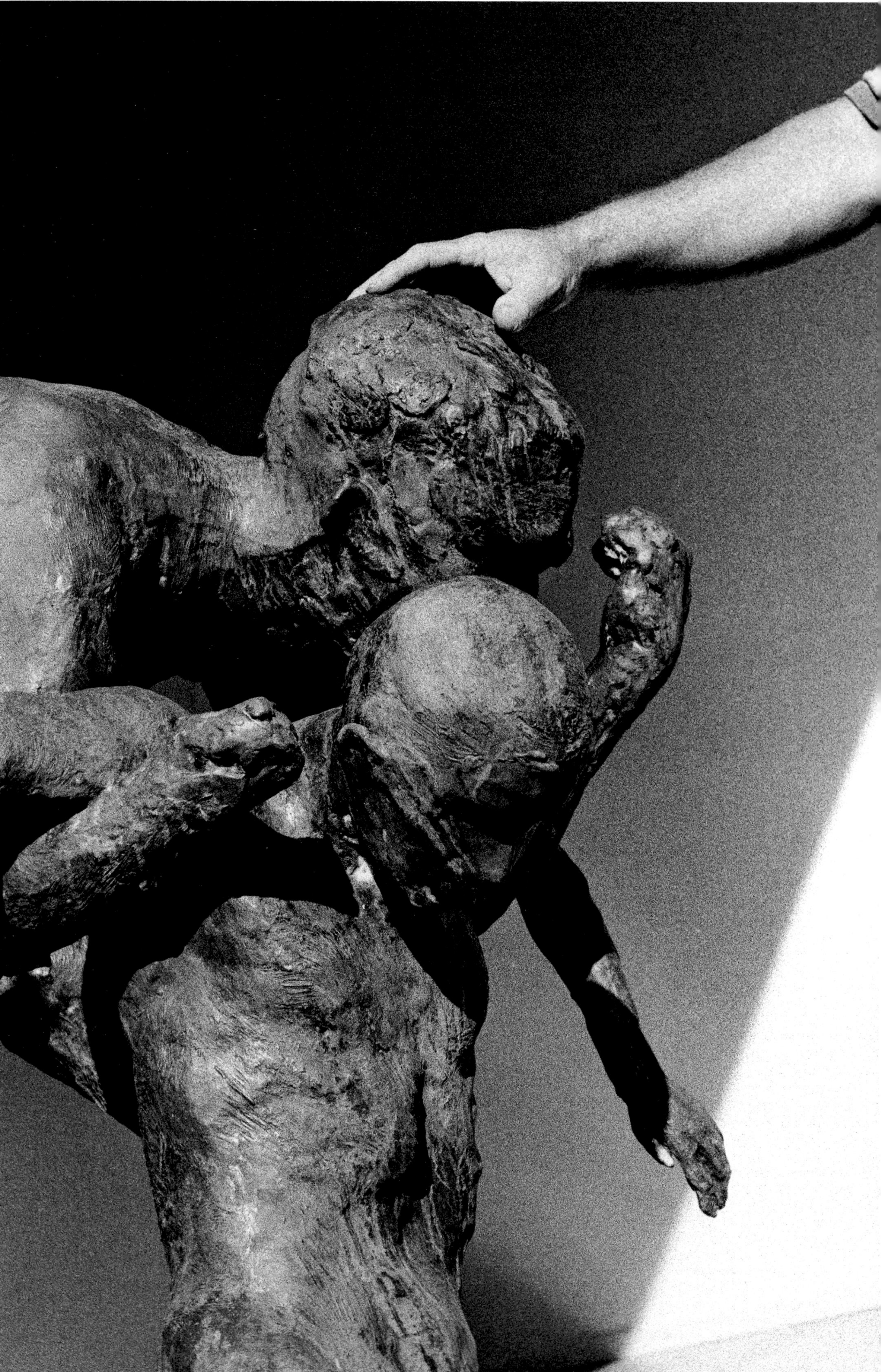

Gesten der Erschöpfung

Vom fragilen Leben der Bilder bei Eric Fischl

Von Roland Meyer

„Meine Ziele sind wirklich bescheiden.
Wie die meisten Künstler will ich die Welt anhalten.
Ich will ein Werk schaffen, das so fesselnd ist,
dass es uns aus der Zeit hinausführt.“
Eric Fischl [1]

„If life is what happens to you as you make other plans,
then ‚life‘ is Eric Fischl's subject matter.“
Francesco Clemente [2]

Es ist Nacht. Und doch ist die Szenerie hell erleuchtet. In ihrem Zentrum: der Körper eines Jungen, halb vom Betrachter abgewandt, offensichtlich gerade dabei, sich selbst zu befriedigen. Im Hintergrund zwei leere Gartenstühle, leicht als Stellvertreter der abwesenden Eltern zu dechiffrieren. Der schlaksige, leicht gekrümmte Körper des Jungen steht inmitten eines Pools, doch das Wasser reicht ihm nicht einmal bis zu den Knien. Ein Planschbecken aus Kindertagen, denen der Junge inzwischen entwachsen ist. Die Rede ist von einem Gemälde: Eric Fischls **Sleepwalker** von 1979. Es war ein kalkulierter Skandal, der dem jungen Maler auch prompt die ersehnte Aufmerksamkeit bescherte. Bis heute gehört es wohl zu den bekanntesten, als auch zu den meistreproduziertesten Gemälden Eric Fischls. Die Provokation lag zum einen im Sujet. Eine Masturbationsszene, **Die große Nacht im Eimer** betitelt, hatte bekanntlich schon einen anderen jungen Maler berühmt gemacht, mit unfreiwilliger Hilfe bundesdeutscher Ordnungskräfte. Doch das war mehr als ein Jahrzehnt früher. Was **Sleepwalker** in der New Yorker Kunstszene um 1980 skandalös erscheinen ließ, war vielleicht mehr noch als sein Gegenstand dessen malerische Behandlung. War die Legitimität von Malerei ohnehin schon fragwürdig geworden, so trat Fischl mit einer Malerei auf die Bühne, die beinahe alles wieder einführte, was

[1] „Beschreiben als Verführung. Eric Fischl im Dialog mit Frederic Tuten.“, in: **Eric Fischl. Gemälde und Zeichnungen 1979–2001. Ausstellungskatalog Kunstmuseum Wolfsburg**, Ostfildern Ruit: Hatje Cantz, 2003, S. 27–31, hier: S. 31.
[2] Francesco Clemente: „Letting the Days Go By“, in: **Eric Fischl: It's Where I Look… It's How I See… Their World, My World, The World (with help from my friends)** Ausstellungskatalog Mary Boone Gallery, New York / Jablonka Galerie Köln, 2005, oP.

die Moderne verabschiedet hatte: die menschliche Figur, den illusionären Raum, ja sogar eine scheinbar psychologisch motivierte Narration, noch dazu eine, die ihr ödipales Muster mit geradezu schreiender Offensichtlichkeit mitzuteilen schien.

Doch gerade das Narrativ der Szene ist nur von oberflächlicher Eindeutigkeit. Die zunächst ebenso provokante wie banale Geste des Jungen wird bei längerer Betrachtung zunehmend rätselhaft. Schläft er, oder ist er wach? Inszeniert er sich in einem gleichsam exhibitionistischen Aufbegehren vor einem imaginären Publikum, oder nimmt er gar nichts außer sich selbst mehr wahr? Mit Psychologie kommt man hier gerade nicht weiter.

Das **Obszöne** der Szene macht sich, so scheint es, weniger an der Figur des Jungen fest, vielmehr überträgt es sich auf die Szene als Ganzes: die leeren, billigen Gartenstühle, das lächerliche Planschbecken, der akkurat gepflegte Rasen – in ihnen verdichtet sich eine Atmosphäre des Unbehagens, die die Figur im Zentrum geradezu schutzbedürftig und verloren erscheinen lässt. Es ist ein Prozess der Übertragung von Energien, der sich auch später immer wieder in Fischls Werk finden wird: von den Körpern und ihren Gesten, die bei aller erotischen Zudringlichkeit meist schwach und verletzlich wirken, auf die Räume und Dinge, die sie umgeben und in denen die ganze Intensität der Szene sich verdichtet.[3] Fischls **mise en scene** bewirkt also eine Umkehrung: Die scheinbar eindeutige Pose des Jungen verliert alles Provakative. Sie wird rätselhaft, vieldeutig, beinahe poetisch.

Gerade diese Inszenierung intensiver Mehrdeutigkeit hat Fischl in den letzten beinahe drei Jahrzehnten in seiner Malerei perfektioniert. Es sind Szenen diffuser Zeitlichkeit, angesiedelt nicht selten in einem unbestimmtem **danach**. Zunächst sind es meist Familienszenen, später dann immer häufiger Szenen zwischen Paaren, die suggerieren, dass hier ein Geschehen an sein Ende gelangt ist, oder doch zumindest an einen Punkt, an dem trotz der Spannung, die zwischen den Protagonisten (noch) herrscht, nichts darauf hindeutet, dass sich diese Spannung in Kürze entladen wird. Es sind nicht selten aggressive Bilder, doch ihre Aggression besteht trotz der relativen Unbeteiligtheit ihrer Figuren. Deren Gesten sind keine der Drohung, des Triumphs oder der Stärke, sondern zeugen zumeist von einer tiefen Erschöpfung.

Dem gleicht Fischls Umgang mit der Malerei. Wenn sein Werk zu Beginn der 80er Jahre häufig mit dem damals ebenso modischen wie umstrittenen Etikett des Neo-Expressionismus belegt wurde, so lässt sich dies rückblickend nur als Missverständnis deuten. Denn anders als viele der Maler aus Deutschland und Italien, die damals den New Yorker Kunstmarkt stürmten (und von denen nicht wenige heute weitgehend vergessen sind), ist seiner Arbeit die Kraftmeierei, die auftrumpfende Geste, der zitathafte Primitivismus, auch das Mythologisierende fremd. Wo er historische Vorbilder zitiert, da tut er das augenscheinlich nicht, um sie als authentischere, vitalere Kunst dem angeblich blutleeren Minimalismus oder Konzeptualismus der 70er Jahre entgegen zu setzen. Vielmehr forscht er in der Geschichte der Malerei nach Möglichkeiten, die Themen, die ihn beschäftigen, zu bearbeiten. Fischls Verhältnis zu den Stilen der Vergangenheit ist ein instrumentelles: Er sucht nicht nach dem wahreren Ausdruck, sondern nach den unausgeschöpften Möglichkeiten.[4]

Wo der in den frühen 80ern beschworene „Hunger nach Bildern", nicht zuletzt Effekt eines nimmersatten boomenden Kunstmarkts, vor allem auch ein

---

[3] Richard Klina hat diesen Effekt bei den Gemälden Fischls aus den frühen 90er Jahren beobachtet: „To transfer the erotic from the body to the environment, to make the people neutral but the tableau charged, energizes the pictorial field and fills the scene with both anticipation and a feeling of the uncanny." – Richard Kalina, „Painting snapshots, or the cursory spectacle—paintings by Robert Bechtle and Eric Fischl", in: **Art in America**, June, 1993.

[4] So beschriebt er es im Gespäch mit Donald Kuspit: „The artists of my generation feel that you can borrow freely from any time and place to construct your own image. So-called pluralism means that you can locate yourself in different periods of time. ... All these different styles and philosophies based on different stylistic advances are available for use. It's like the universe has curled back on itself and become full of possibilities that were half realized but still have a long way to go. In that sense I think I am a postmodernist."— Donald Kuspit, interview with Eric Fischl, in: **Fischl** (New York: Vintage, 1987), 33, zit. nach Arthur C. Danto, „Formation, Success, and Mastery: Eric Fischl Through Three Decades", in: **Eric Fischl 1970–2000**, New York: The Monacelli Press 2000, S. 11–27, hier: S.13.

Hunger nach heroischen Gesten meist männlicher Malerfürsten war, nach Ausdruck, Rohheit, Wildheit und nach den „ewigen" Themen von Eros und Tod, war Fischls malerischer Gestus kühl, nüchtern und frei von falschem Pathos. Und seine Themen, ja auch der Blick auf diese Themen ließen sich historisch und räumlich genau verorten – in den frühen Bildern ist es das Leben amerikanischer Vorstädte, die er vielleicht zum ersten Mal überhaupt zum Gegenstand der Malerei macht. Es sind Historienbilder nach dem Ende der Geschichte. Wenn also hier von Erschöpfung als Thema und als Haltung in Fischls Werk die Rede ist – ein Ausdruck, den er selber nicht gebraucht – dann in einem sehr präzisen und positiv gewendeten Sinne: als Gegenmodell zur scheinbar heroisch auftrumpfenden Vitalität des Expressiven zum einen und zum anderen verknüpft mit der Hoffnung, dass im Zustand der Erschöpfung die Verhältnisse sich in einem klareren Licht darstellen als in den aufgeheizten Momenten der Ekstase.

Sleepwalker entsteht nicht nur in einer Zeit, in der eine ganze Generation neu-wilder Maler auf dem Kunstmarkt Furore macht. Es ist auch die Zeit, in der Künstler wie Richard Prince, Barbara Kruger, Cindy Sherman oder Jack Goldstein die Bilder der Massenmedien zum Material einer appropriativen, analytischen Kunst machen.[5] Vor allem Fischls frühe Malerei folgt einem ähnlichen Impuls wie etwa Cindy Shermans **Film Stills**: Sie zitiert keine Filmbilder, sondern das Filmische als Modus der Weltwahrnehmung. So lässt sich auch die hell erleuchte Nacht in **Sleepwalker** nicht nur als Produkt vorstädtischer Gartenscheinwerfer verstehen – vielleicht ist auch das, was die Franzosen die amerikanische Nacht, **la nuit américaine**, nennen, die alte Hollywoodpraxis, Nachtszenen bei Tageslicht und mit speziellen Filtern zu drehen.

Eric Fischl hat immer wieder davon gesprochen, dass er seine Malerei in einem Konkurrenzverhältnis zu Film und Fotografie sieht. Vor allem der Film mit seinem „Reichtum an Licht" und seiner „realen, sinnlichen Qualität"[6] ist ein steter Bezugspunkt seines Werks. Fischl, so hat es die Filmwissenschaftlerin Heike Klippel beschrieben, arbeitet häufig mit filmischen Bezügen, aber in einer Weise, die dem klassischen Kino fremd ist. So setze er gezielt auf symbolische Überdeterminierung – sie zeigt dies an dem Bild, das Fischls Ruhm als vielleicht wichtigster amerikanischer Maler der 80er Jahre bestätigen sollte: **Bad Boy** von 1982. Die offene zur Schau gestellte Scham der Frau und der gleichzeitige, heimliche Griff des sie beobachtenden Jungen in ihre Handtasche – sie führen, so Klippel, zu einer widersprüchlichen Verdopplung von Symbolisiertem und Symbol. In einer Filmszene des klassischen Hollywood, wie sie der Bildaufbau zitiert, stünde der Griff in die Handtasche anstelle der sexuellen Freizügigkeit, die ungezeigt bliebe. Durch diese verdoppelnde Übertreibung kippt die Szene ins Gewalttätige. Die offensive Eindeutigkeit wird beunruhigend, lässt sich letztlich gerade nicht narrativ auflösen.[7] Einen Meister der „orchestrierten kleinen Gesten" hat Jean-Christophe Ammann Eric Fischl genannt; von Gesten, die dem malerischen Diskurs gleichsam einverleibt wären und so der Gefahr entgingen, ins Anekdotische abzugleiten.[8] Fischl zitiert zwar das Anekdotenhafte, die leicht entschlüsselbare Erzählung, doch bleibt er nie am Punkt der Eindeutigkeit stehen.

Vielmehr arbeitet Fischl gezielt auf den Punkt schwindender Lesbarkeit hin. Ihn interessiert der Umschlagpunkt von **pose** zu **posture**, von Pose in Haltung, wo das Formelhafte sich auf die Widersprüchlichkeit verschiedener möglicher Deutungen

[5] Fischl hat diese Nähe selbst anerkannt: „Although I hadn't named myself early on, it was very important to be shown and associated with David Salle and Julian Schnabel, Barbara Kruger and Cindy Sherman, the artists who were my peers." Eric Fischl, On the History of Modernism, in: **Eric Fischl 1970–2000**, New York: The Monacelli Press 2000, S. 84.
[6] zit. nach: **Eric Fischl. Gemälde und Zeichnungen 1979–2001**, a.a.O., S. 33.
[7] Vgl. Heike Klippel: „The Long Take – Szene ohne Schnitt. Zur filmischen Dimension in der Malerei Eric Fischls", in: Michael Glasmeier, Thomas Köhler, Annelie Lütgens (Hrsg.): **Painting the Picture. Vorträge zur Malerei**, Salon Verlag Köln 2005, S. 67–87.
[8] „Eric Fischl is a master of these orchestrated little gestures because they are completely incorporated into the painterly discourse." Jean Christophe Ammann, „The Encounter", in: **Eric Fischl: It's Where I Look…**, a.a.0., oP.

hin öffnet.[9] Fischls Interesse gilt der Mehrdeutigkeit der Geste auch in scheinbar eindeutigen Situationen. Auf **Bad Boy** bezogen hat er detailliert beschrieben, wie er diese Ambiguität Schritt für Schritt aufbaut, wie er Gegenstände und Körper ins Bild rückt und auch wieder eliminiert, bis die Szene so dicht an Zeichen ist, dass sie lesbar erscheint, und doch diese Zeichen eben jene Lesbarkeit untergründig wieder konterkarieren.[10]

Die „innere Montage", die Verteilung der Körper und Dinge im Tiefenraum des Bildes ist ein Prinzip Fischls, das er direkt vom Film übernimmt. Wie im Film (und anders als im Theater) werden die Elemente, ungeachtet ihrer Raumtiefe, dabei für eine Fläche arrangiert, nicht für einen Raum. Dabei imitiert Fischl den **long take** des amerikanischen Kinos vor allem der vierziger Jahre, etwa William Wylers und Orson Welles. In statischen Einstellungen mit hoher Tiefenschärfe lenkten sie die Blicke der Betrachter durch die Bewegungen und Blicke der Personen im Bild ebenso wie durch prominent im Vordergrund platzierte Gegenstände.

Inszenierung ist so bei Eric Fischl ein Prozess kontinuierlicher Konstruktion – auch ablesbar an Fischls vielleicht ambitioniertesten Projekt der letzten Jahre, the Krefeld Project von 2002/03, wo er mit Schauspielern aus Fleisch und Blut und geliehenen Möbeln in den von Mies van der Rohe erbauten Räumen des Haus Esters eine Reihe von Szenen inszenierte, die er später am Computer neu arrangierte und schließlich als Serie von Gemälden wieder vor Ort installierte.[11]

Es sind jedoch nicht nur formale Qualitäten, in denen Eric Fischls Werk dem Kino nahe steht. Fischls Idee der Malerei, so hat er einmal erklärt, sei, „dass die Malerei dem Leben folgen und aufzeichnen soll, wo das Leben hinführt."[12] Aufzeichnung des Lebens – ist dies nicht die kürzeste Definition des kinematographischen Versprechens?

Das Leben aber zeigt sich im Kino als Folge von **Gesten**. Denn das kleinste Element des Kinos, so hat Giorgio Agamben unter Bezug auf Gilles Deleuze behauptet, sei nicht das Bild, sondern die Geste. Das Kino, so fasst er Deleuze' Thesen zusammen, bestehe aus beweglichen Schnitten, aus Bewegungsbildern: Bildern, die selbst in Bewegung seien. Dies jedoch, so Agamben, gelte nicht bloß für das Kino, sondern beträfe den Status des Bildes in der Moderne überhaupt. Jedes Bild sei zwar zum einen ein Akt der Verdinglichung, die Auslöschung einer Geste, ihre mortifizierende Stillstellung, doch zugleich bewahre es eben die Geste als Fragment. Im Bild sterbe die lebendige Geste ab, doch bewahre das Bild zugleich etwas von dieser Lebendigkeit. Das Einzelbild weise mithin über sich selbst hinaus, als Teil eines abwesenden Ganzen, das in ihm noch latent bewahrt sei. Wie in einem zufällig im Archiv gefundenen Fragment aus einem verschwundenen Film scheine in ihm die verloren gegangene Totalität auf. Die dynamische, körperliche, lebendige Geste, so können wir Agamben verstehen, ist im Bild dialektisch aufgehoben – also zugleich bewahrt, negiert und auf eine andere Stufe versetzt.

Dass es dem Kino immer schon darum zu tun war, nicht nur („kinematographisch") die Bewegung, sondern tatsächlich das Leben als solches aufzuzeichnen, davon zeugt einer seiner frühen Namen – der (in den Niederlanden bis heute gebräuchliche) Begriff des Bioskops, der „Lebensschau". Aber wie alle technischen Aufzeichnungsmedien bewahrt es vom Leben nur dessen Spur. Die jedoch ist alles, was wir haben. Auch die moderne Wissenschaft, so hat es zum Beispiel Beat Wyss formuliert, „kann

---

[9] "For me, the movement of between pose and posture always involves a flip-flop. What I am after is the point at which the body could be read one way and then be quickly undermined to bring in a more complicated set of conditions." Fischl, **On Questionable Pleasure, Eric Fischl 1970–2000**, a.a.O., S. 240.

[10] Vgl. Peter Schjeldahl, „Porträt des Künstlers als junger Mann", in: : **Eric Fischl. Gemälde und Zeichnungen 1979–2001**, a.a.O., S. 9–25, hier: S. 18.

[11] Martin Hentschel (Hg.), Eric Fischl, The Krefeld Project, Ausstellungskatalog Museum Haus Esters, Krefeld, Kerber: Bielefeld 2003.

[12] „Beschreiben als Verführung. Eric Fischl im Dialog mit Frederic Tuten", a.a.O., S. 31.

Leben nur beschreiben, indem sie dessen Impulse aufzeichnet. Erklären kann sie es nicht.“[13] Diskrete Notation tritt damit an die Stelle kontinuierlicher Erzählung. Das Wissen vom Leben erschöpft sich in dokumentarischen Momentaufnahmen, aus denen jedoch alles Lebendige gewichen ist. Wo also Auskunft über das „Leben“ jedoch nur mittels Aufschreibesystemen und Spurensicherung der Körper noch möglich erscheint, da verschwindet es selbst aus dem Feld des Wissens. Das Leben als Totalität ist im Bild wie in jedem Zeichen oder Artefakt nur als abwesendes präsent.

Das Leben lebt nicht – dieses Motto hat Adorno den **Minima Moralia** vorangestellt. Vom Leben können wir nur sagen, das es alle Versuche, es zu fixieren, übersteigt – und sich daher nur mehr als die Kehrseite von Aufschreibepraxis zeigt. Nicht nur ist Leben bekanntlich das, was geschieht, während man damit beschäftigt ist, andere Pläne zu machen – vor allem ist es das, von dem man notwendigerweise immer wieder feststellen muss, das es einem wesentlich entgeht, wenn man versucht es aufzuzeichnen.

Als Eric Fischl in den neunziger Jahren begann, sich wieder mit Bildhauerei zu beschäftigen, begründete er das mit dem Wunsch, seinen Bildern gleichsam wieder Leben einzuhauchen: „to reenergize my paintings“.[14] Die Skulptur sollte das Medium sein, um aus einer malerischen Krise herauszufinden.[15] Fischl hat genau beschrieben, in welchem Sinne die Skulptur für ihn ein Medium der Bewahrung lebendiger Gesten ist. Sein bildhauerisches Werk dreht sich um die Hand im Prozess der Formgebung, um das unbewusste Wissen des Körpers, die gespeicherte Erfahrung der Hände, die sich direkt ins Material übersetzt und immer erst nachtäglich visuell erfahrbar wird.[16] In Fischls Skulpturen steht der Körper auch als Thema im Zentrum – sie isolieren also ein Moment, das in seiner Malerei stets im Szenischen aufgehoben war. Und alle Widersprüche und Polysemien, die in seiner Malerei der szenische Aufbau trägt, werden nun den isolierten Körpern der Figuren aufgebürdet.

Fischl nennt selbst zwei entscheidende historische Bezugspunkte, an denen er die Entwicklung des Körperbildes in der modernen Skulptur festmacht: Rodin und Giacometti. Rodin ist für Fischl der letzte, der den Körper als aufgebaut aus Fleisch und Muskeln denkt, ihn als ein physisches, auch sexuelles Wesen versteht. Bei Giacometti weicht all dies der fast vollständigen Leugnung des Körperlichen, wird die Figur fragil und verletzlich: Existentialismus statt Vitalismus, wenn man es auf eine schlichte Formel bringen wollte. Ein flüchtiger Blick auf Fischls Skulpturen offenbart, an welchem Vorbild er sich formal orientiert. Doch ist seine Skulptur keine simple Rückkehr zu Rodin. Wenn überhaupt, dann denkt er auch Rodin von Giacometti her, also das in Form übersetzte Leben als immer schon gefährdet und vom Verschwinden bedroht.

Denn was heißt es, den Bildern Leben einzuhauchen? Als Repräsentationen des Abwesenden siedeln die Bilder in gewisser Weise immer schon in einem Zwischenreich zwischen Leben und Tod, zwischen Geste und Spur, Gegenwart und Erinnerung. Dies ist für die Fotografie oft konstatiert worden - aber vielleicht macht die Fotografie nur etwas offenbar, was für Bilder im Allgemeinen zu gelten hat: sie gleichen Gespenstern. Daher rührt der nie versiegende Wunsch, sie zum Leben zu erwecken, so Agamben: „Die Bilder leben, doch da sie aus Zeit und Gedächtnis bestehen, ist ihr Leben immer schon Nachleben und von jeher bedroht und schnell dabei, die Form eines Gespenstes anzunehmen.“[17]

[13] Beat Wyss, **Vom Bild zum Kunstsystem**, Verlag der Buchhandlung Walther König: Köln 2006 (Kunstwissenschaftliche Bibliothek Band 32), S. 108.

[14] zit. nach Danto, „Formation, Success, and Mastery: Eric Fischl Through Three Decades“, a.a.O., S. 22.

[15] zit. nach ebd.

[16] Danto, „Formation, Success, and Mastery: Eric Fischl Through Three Decades“, S. 23.

[17] Giorgio Agamben, Nymphae, in: ders. Nymphae. Herausgegeben und übersetzt von Andreas Hiepko, Berlin 2005, S. 7 – 47, hier: S.20. Den Warburgschen Begriff des „Nachlebens“ verwendet Agamben im Original deutsch.

Schon Fischls Malerei, die seit den 80er Jahren auf fotografische Vorlagen zurückgreift, kann als Versuch der Wiederbelebung gelesen werden – wie es etwa Fischls Malerkollege Francesco Clemente tut: „Eric Fischl paints from his photographs, a veritable Orpheus retrieving from the realm of shadows an unexpected burst of overflowing flesh."[18] Doch scheint hier ein Missverständnis vorzuliegen: Die Stärke von Fischls Kunst ist es nicht, den Schatten erneut Leben einzuhauchen, sondern das Schattenhafte des scheinbar Lebendigen vorzuführen.

Malerei und Bildhauerei, so könnte man sagen, sind zwei verschiedene Formen der Sichtbarmachung des Lichts. Statt wie der Maler das Licht abzubilden, also Farbe als Phänomen (**color**) in Farbe als Materie (**paint**) zu übersetzen, formt der Bildhauer Oberflächen, an denen sich das Licht bricht, die im Licht sichtbar werden und deren Gestalt sich zeigt im Spiel von Licht und Schatten. In der Malerei manifestiert sich das unkörperliche Licht als Schicht von Pigment auf Leinwand, gleichsam als Haut, die Skulptur dagegen setzt Körper ins Licht, sie setzt sie dem Licht aus und macht jenes an ihr erfahrbar. So oder so gilt: Das Licht im Raum bleibt als solches unsichtbar, solange es nicht auf einen Körper trifft, der es reflektiert. Die Strahlen des Scheinwerfers etwa sehen wir nur, wo der Raum von Staub oder Rauch erfüllt ist. Fast wie das Leben selbst zeigt sich das Licht nur indirekt, vermittelt über die Körper, oder in seiner Abwesenheit, in den Schatten und Spuren, wie in der Photographie, der Lichtschrift, die immer zugleich auch Schattenspur ist. Vom Licht wie vom Leben erfahren wir nur über Umwege.

Eric Fischls Skulpturen haben heftige Reaktionen der Abwehr produziert. Der Kunstkritiker und –historiker Donald Kuspit, einst vehementer Fürsprecher von Fischls Malerei, warf ihm Melodramatik aus zweiter Hand vor – ihm misslinge es, anders als dem offensichtlichen Vorbild Rodin, seinen Figuren tatsächlich emotionales Leben einzuhauchen, vielmehr bleibe ihr emotionaler Exzess rein oberflächlich und physisch.[19] Kuspit kreidete Fischl an, was ebenso als Stärke seiner Kunst gelten könnte: nämlich dass sie alle Psychologie letztlich ins Leere laufen lässt, und ihr nur scheinbarer Vitalismus offenbart, dass sie das Leben gerade nicht zu bewahren vermag.

Auch außerhalb der Kunstkritik erregte Fischls skulpturales Werk Anstoß. Schon nach der Enthüllung von Fischls Skulptur des Tennisspielers Arthur Ashe in Flushing Meadows entzündete sich eine eigenartige Kontroverse, die vor allem die Nacktheit der Figur betraf. Noch weit größeren Anstoß erregte die Arbeit **Tumbling Woman**, die im Herbst 2002, ein Jahr nach den Anschlägen vom 11. September im New Yorker Rockefeller Center ausgestellt werden sollte. Die Figur wurde als gleichsam fotojournalistische Wiedergabe der allen noch im Gedächtnis gebliebenen Schockbilder der sich aus den brennenden Türmen stürzenden Menschen verstanden und man warf Fischl mangelnden Respekt, ja Zynismus vor.[20] Doch erweist sich solche Kritik, auch wenn sie emotional verständlich sein mag, als kurzsichtig. Unentscheidbar nämlich bleibt, ob die Figur tatsächlich im Fallen begriffen ist. Keinesfalls jedoch ist der brutale Moment des Aufschlagens in Szene gesetzt, vielmehr verharrt **Tumbling Woman** im Zustand der Latenz, wo die Dinge zwar außer Kontrolle geraten sind, aber Rettung noch möglich erscheint: „The thing is that if you look at the piece itself, it feels like a dream in which somebody is floating. There's no weight there that is sending the crushing, rippling current back

---

[18] Francesco Clemente, „Letting the Days Go By", a.a.O.

[19] „Fischl offers us a kind of aborted Rodinism: secondhand dramatic modeling ostensibly revitalized by daring new „transgressive" poses (or rather posturings). … Fischl's sculptures are pseudo-visionary, for they show only a conventional, skin-deep understanding of the eschatological concerns they engage. … Fischl's figures are too melodramatically physical to be emotionally convincing, even as they suggest the body ego in which the most basic emotions originate." Donald Kuspit „Eric Fischl: Body Ego", artnet.com Magazine, 09 / 1988.

[20] Vgl. Annelie Lütgens, „Touched. Körper, Raum und Licht bei Eric Fischl", in: **Eric Fischl. Gemälde und Zeichnungen 1979–2001**, a.a.O., S.21–25, hier: S. 23.

through the body as it hits a solid mass"[21], so Fischl später in einem Interview. Mit traumgleicher Logik beharrt die Skulptur auf dem Ausbleiben der letzten, tödlichen Konsequenz. Sie zeigt den menschlichen Körper im Zustand der Gefährdung, aber sie bewahrt ihn gerade vor der Brutalität eindeutiger Zuschreibungen. Was ihr jedoch abgeht, ist aller Heroismus, ist jenes Gefühl der Stärke, nachdem sich Amerika nach den Anschlägen mehr als je zuvor sehnte. In ihr verkörpert sich vielmehr ein schwaches Leben als Spielball äußerer Kräfte, das – vielleicht vergeblich – davon träumt, nicht spurlos zu vergehen.[22]

Die Geste erschließt sich nie aus sich selbst heraus. Die Bedeutung der Geste ist vielmehr ein Effekt der Geschichte, sie wird erst verständlich durch ihr **davor** und **danach**. Und doch unterbricht die Geste den Lauf der Geschichte, sie bricht aus ihm hervor und stellt sich ihm entgegen. In der Geste zeigt sich Dynamik nicht nur im, sondern **als** Stillstand. Wenn das Leben tatsächlich Fischls Thema ist, dann ein prekäres Leben, eines, das Vergeblichkeit und Erschöpfung immer nur für kurze wie in der Schwebe gehaltene Momente zu bezwingen vermag. In diesem Moment steht die Zeit still. Um sie herum herrscht Nacht.

[21] Eric Fischl im Interview mit David Rakoff, **New York Times**, October 27, 2002.
[22] In einem Interview hat Fischl aus seiner Sicht die Differenz zwischen Goya und Picasso beschrieben, und er lässt kaum einen Zweifel, bei wem seine Sympathien liegen: „Mit Ausnahme von Guernica steht Picasso immer im Mittelpunkt seiner Welt. Er übt immer die Kontrolle über sie aus. Goya akzeptiert zwar nicht, dass man nicht darüber sprechen kann, doch er akzeptiert, dass er Zeuge einer Welt ist, über die er keine Kontrolle hat. Seine Sprache ist die Traurigkeit. Traurigkeit gehört nicht zu Picassos emotionalem Vokabular." Zit. nach „Beschreibung als Verführung. Eric Fischl im Dialog mit Frederic Tuten", a.a.O., S. 28.

**Details von | Details of
Samariter | Samaritan
2007**

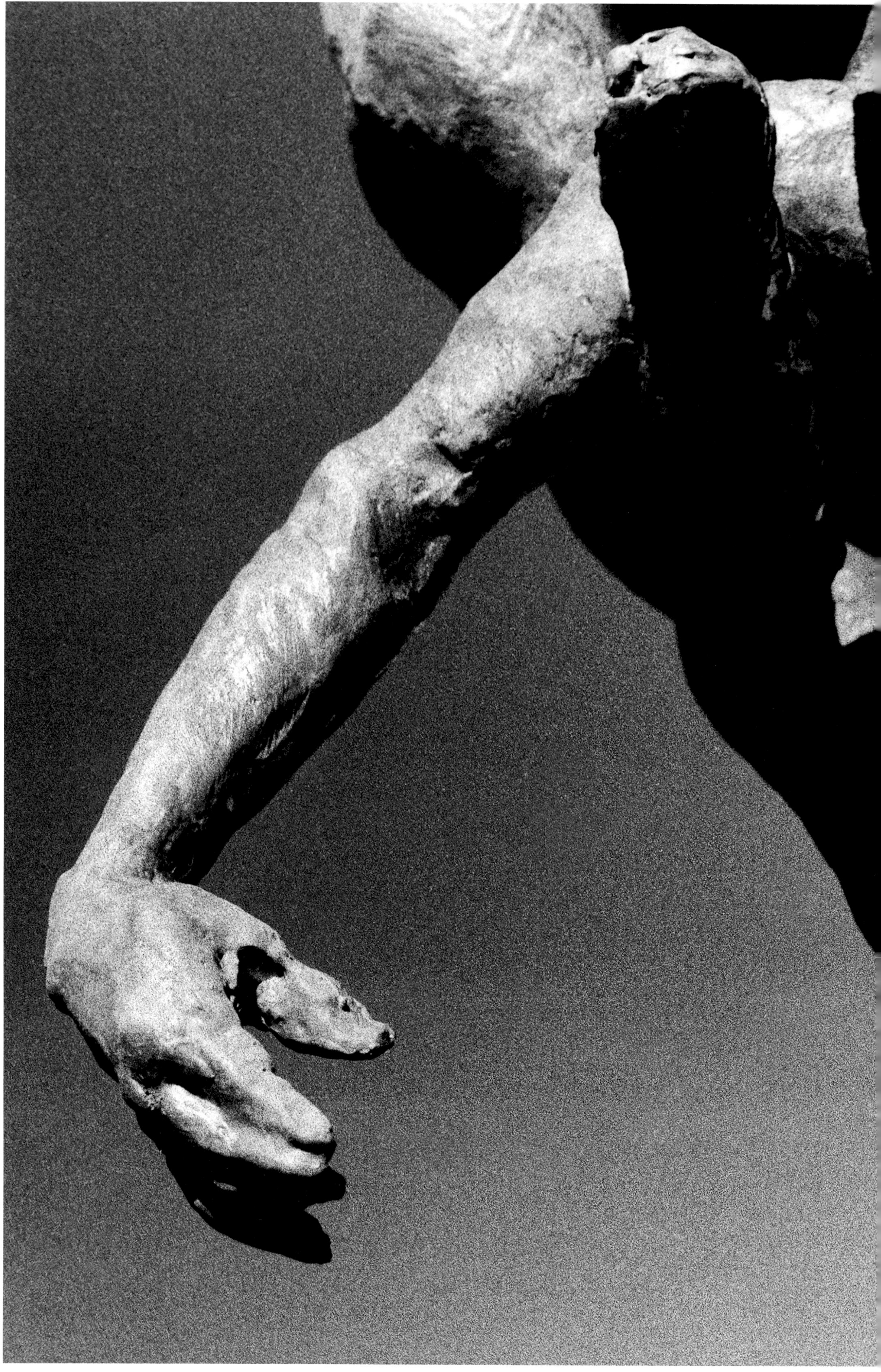

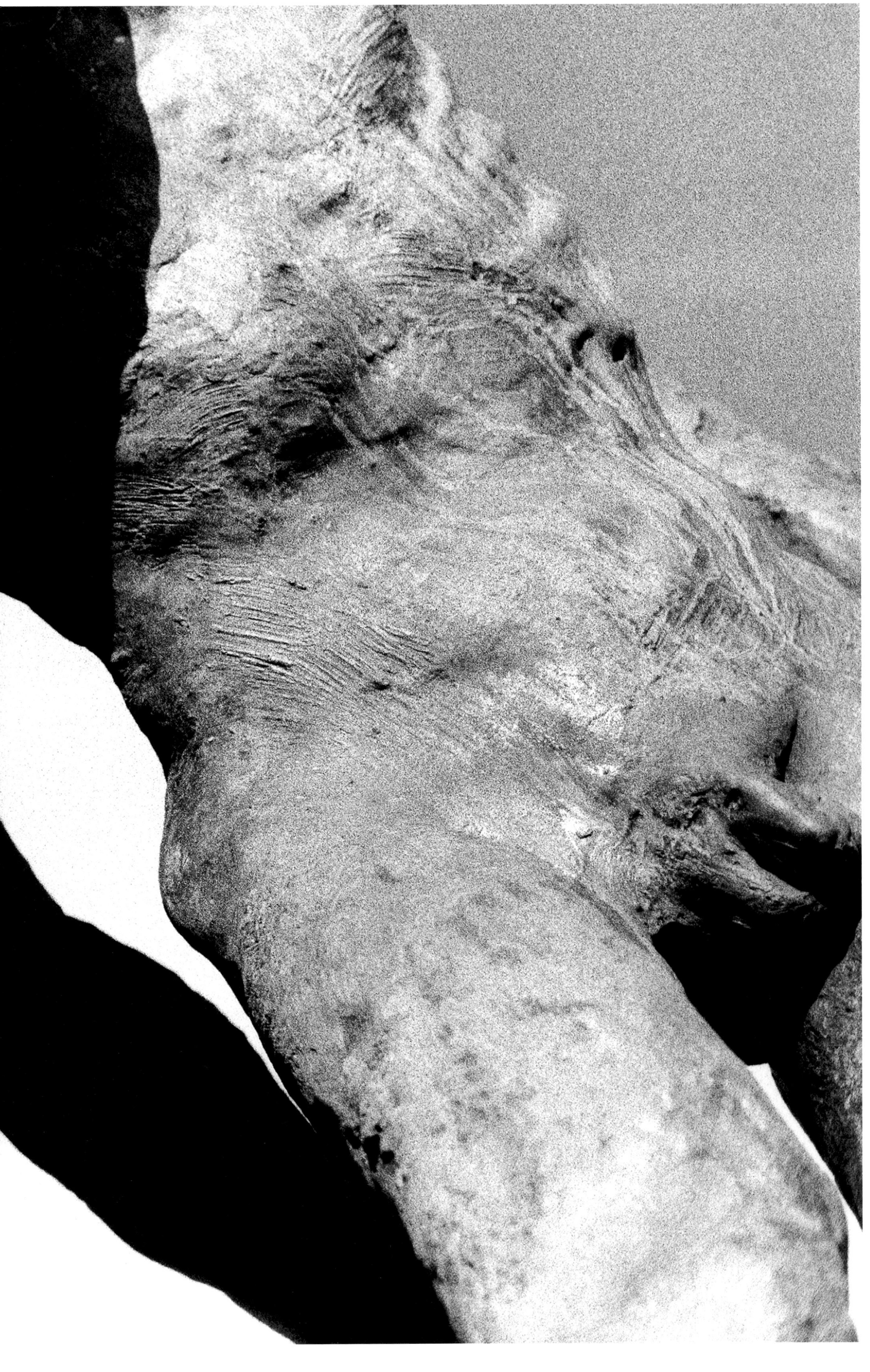

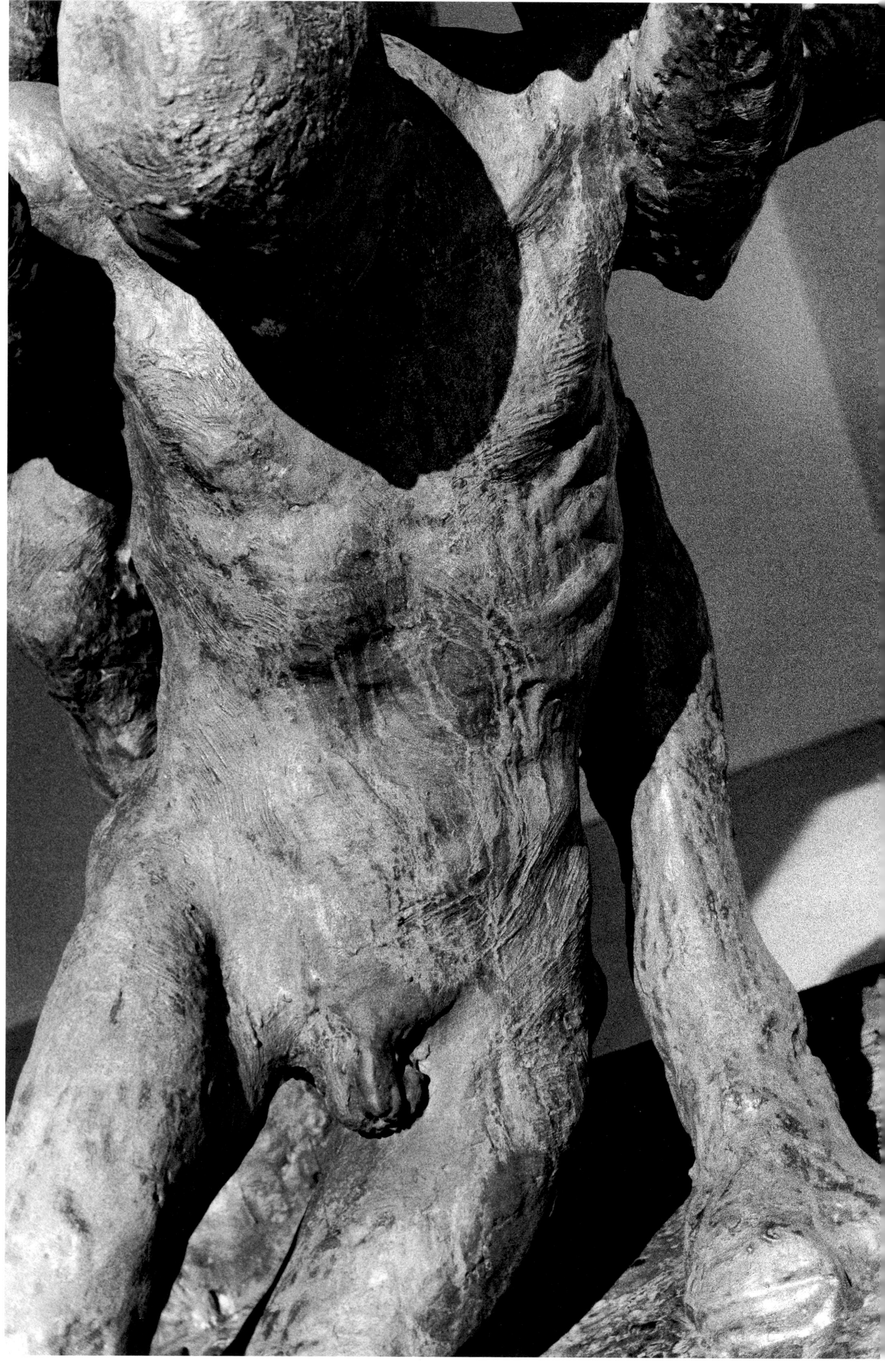

Gestures of Exhaustion

On the Fragile Life of Images in the Work of Eric Fischl

By Roland Meyer

"My goals are really modest.
Like most artists, I want to bring the world to a standstill.
I want to create a work which is so fascinating
that it takes us right out of time."
Eric Fischl[1]

"If life is what happens to you when you make other plans,
then 'life' is Eric Fischl's subject matter."
Francesco Clemente[2]

It is nighttime. And yet the scene is brightly lit. At its center is the body of a young boy, turned partly away from the viewer and apparently involved in masturbating. In the background are two empty garden chairs, easily identifiable as representatives of his absent parents. The gawky, slightly bent body of the boy is standing in the middle of a pool, but the water doesn't even reach his knees. A wading pool from childhood days which the boy has in the meantime outgrown. We are speaking about a painting: Eric Fischl's **Sleepwalker** from 1979. This was a calculated scandal which promptly brought the young painter the attention he was looking for. Even today it certainly numbers among the best-known and most often reproduced paintings by Eric Fischl. The provocation lay on the one hand in the subject. As is well known, a masturbation scene, **Die große Nacht im Eimer** (The Big Night Down the Drain), had already made another young painter famous, with unintentional assistance from the forces of order in the Federal Republic of Germany. But that had been more than a decade earlier. What made **Sleepwalker** seem so scandalous in the New York art scene around 1980 was, perhaps even more than its subject matter, its painterly treatment. In a situation where the legitimacy of painting had already become questionable, Fischl stepped onstage with a painting which reintroduced almost everything

[1] "Beschreiben als Verführung. Eric Fischl im Dialog mit Frederic Tuten" (Description as Seduction. Eric Fischl in Conversation with Frederic Tuten), in **Eric Fischl. Gemälde und Zeichnungen 1979–2001** (Eric Fischl. Paintings and Drawings 1979–2001), exhib. cat. Kunstmuseum Wolfsburg, Hatje Cantz, Ostfildern Ruit 2003, pp. 27–31, here p. 31.
[2] Francesco Clemente, "Letting the Days Go By" in **Eric Fischl, It's Where I Look … It's How I see … Their World, My World, The World (with help from my friends)**, exhib. cat. Mary Boone Gallery, New York/Jablonka Galerie Cologne, 2005, n.p.

that modernism had rejected: the human figure, the illusionistic space; even a narration which seemed to be psychologically motivated and—what is more—to communicate its Oedipal archetype with blatant obviousness.

But the narrative element of the scene is unambiguous only on a superficial level. The gesture of the boy, which at first seems provocative and banal in equal measure, becomes increasingly puzzling upon longer scrutiny. Is he sleeping, or is he awake? Is he engaged in self-dramatization with quasi-exhibitionistic rebelliousness in front of an imaginary audience, or does he no longer perceive anything but himself? Psychology doesn't bring us any further here.

The **obscenity** of the scene is less attached, so it seems, to the figure of the boy than instead transferred onto the scene as a whole: the empty, cheap garden chairs; the ridiculous wading pool; the neatly trimmed lawn—all these elements give rise to an atmosphere of uneasiness which causes the figure in the middle to appear lost and in need of protection. This is a process of the shifting of energies that may be found again and again in Fischl's work: a transfer from the bodies and their gestures which, in spite of all erotic importunateness, most often seem weak and vulnerable, to the spaces and objects which surround them and in which the entire intensity of the scene is concentrated.[3] Thus Fischl's mise-en-scène causes a reversal: The seemingly unequivocal pose of the young boy loses all its provocativeness; it becomes puzzling, ambiguous, almost poetical.

Over a period of almost three decades now, Fischl has perfected this very staging of intense ambiguity in his paintings. They are scenes of diffuse tenderness, not infrequently situated in an indefinite afterwards. At first there are mostly family scenes, then later there are more and more often scenes between couples which suggest that here some happening has come to an end, or at least to a point where, in spite of the tension (still) existing between the protagonists, nothing points to the fact that the amassed energy will soon be discharged. These are often aggressive pictures, but their aggression exists in spite of the relative non-involvement of their figures, whose gestures are mostly not menacing, not triumphant in their strength, but instead indicative of a deep exhaustion.

The same is true of Fischl's treatment of painting itself. If at the beginning of the nineteen-eighties the label of Neo-Expressionism, at that time both fashionable and controversial, was frequently affixed to his work, it becomes clear in retrospect that this was only a misunderstanding. For in contrast to many of the painters from Germany and Italy who at that time rushed onto the New York art market (and more than a few of whom are to a large extent forgotten today), his work contains no traces of playing the muscleman, of crowing gestures, of quotation-filled primitivism, even of mythologizing aspects. Wherever Fischl cites historical models, then he apparently does not do so in order to contrast them, as a more authentic and vital art, with the supposedly bloodless Minimalism or Conceptualism of the nineteen-seventies. Instead he investigates the history of painting for possibilities of handling the themes which preoccupy him. Fischl's relationship to the styles of the past is instrumental in nature: What he is looking for is not a truer form of expression, but instead heretofore unutilized possibilities.[4]

Whereas the "hunger after images" conjured up in the early nineteen-eighties, due not least of all

---

[3] Richard Kalina has observed this effect in Fischl's paintings from the early nineteen-nineties: "To transfer the erotic from the body to the environment, to make the people neutral but the tableau charged, energizes the pictorial field and fills the scene with both anticipation and a feeling of the uncanny." — Richard Kalina, "Painting snapshots, or he cursory spectacle—paintings by Robert Bechtle and Eric Fischl," in **Art in America**, June 1993.

[4] This is how he puts it in a conversation with Donald Kuspit: "The artists of my generation feel that you can borrow freely from any time and place to construct your own image. So-called pluralism means that you can locate yourself in different periods of time…. All these different styles and philosophies based on different stylistic advances are available for use. It's like the universe has curled back on itself and become full of possibilities that were half realized but still have a long way to go. In that sense I think I am a postmodernist." — Donald Kuspit, interview with Eric Fischl in **Fischl**, Vintage Press, New York 1987, p. 33, quoted according to Arthur C. Danto, "Formation, Success, and

to an insatiably booming art market, was above all an appetite for heroic gestures made mostly by male princes of painting, a desire for expressivity, coarseness and wildness, for the "eternal" themes of eros and death, Fischl's painterly gesture was cool, sober and free from false pathos. And his themes, as well as their point of view, could be precisely pinpointed in historical and spatial terms—with the early pictures it is life in American suburbs which he, perhaps for the first time ever, take as the theme of painting. These are historical paintings after the end of history. When we speak here about exhaustion as a theme and an attitude in Fischl's oeuvre—an expression which he himself does not use—, then this occurs in a quite precise and positive sense: on the one hand, as an alternative model to the seemingly heroical, grandstanding vitality of expressiveness and, on the other hand, in terms of the hope that, in a state of exhaustion, the relationships are represented in a clearer light than in the frenetic moments of ecstasy.

Sleepwalker is created in a period not only when an entire generation of "newly wild" painters are creating a sensation in the art market. It is also the era in which artists such as Richard Prince, Barbara Kruger, Cindy Sherman or Jack Goldstein take images of the mass media as the material for an appropriative, analytical art.[5] In particular, Fischl's early painting follows an impulse which is similar, for instance, to Cindy Sherman's **Film Stills**: She does not quote any film images, but instead cites the filmic aspect as a mode of perceiving the world. Thus not only it is also possible to understand the brightly illuminated night in **Sleepwalker** as the product of suburban garden floodlights, but perhaps that which the French call **la nuit américaine**, the American night, is the old Hollywood practice of filming nocturnal scenes in daylight and with special filters.

Eric Fischl has spoken again and again about the fact that he sees his painting in a competitive relationship to film and photography. Above all film, with its "richness of light" and its "real, sensual quality,"[6] is a constant point of reference in his oeuvre. The film scholar Heike Klippel has observed that Fischl frequently works with references to film, but in a manner that is foreign to classic cinema. Thus he deliberately aims at symbolical overdetermination: She demonstrates this with reference to the picture that should confirm Fischl's fame as perhaps the most important American painter of the nineteen-eighties, namely **Bad Boy** from 1982. According to Klippel, the openly displayed vulva of the woman and the simultaneous, secret reaching into her purse by the boy who is looking at her leads to a contradictory doubling of the symbolized and the symbolizing. In a classical Hollywood film scene such as is quoted by the pictorial structure, the reaching into the purse would stand for a sexual promiscuity which remains unportrayed. Through its double exaggeration, the scene slips into violence. The offensive unequivocality becomes disturbing and ultimately cannot be narratively resolved.[7] Jean-Christophe Ammann has called Eric Fischl a master of "orchestrated little gestures"— gestures which are incorporated, as it were, into the painterly discourse and thus avoid the danger of drifting into the anecdotal.[8] Even though Fischl quotes the anecdotal, the easily decodable narration, nevertheless he never remains at the point of unequivocality. Instead Fischl deliberately works towards the point of disappearing legibility. What interests him is the point of transition from pose to posture, there where the formulaic aspect opens

[5] Fischl has himself recognized this proximity: "Although I hadn't named myself early on, it was very important to be shown and associated with David Salle and Julian Schnabel, Barbara Kruger and Cindy Sherman, the artists who were my peers."—Eric Fischl, "On the History of Modernism," in Eric Fischl 1970–2000, The Monacelli Press, New York 2000, p. 84.
[6] Quoted according to Eric Fischl. Gemälde und Zeichnungen 1979–2001, loc. cit., p. 33.
[7] Cf. Heike Klippel, "The Long Take – Szene ohne Schnitt. Zur filmischen Dimension in der Malerei Eric Fischls" (The Long Take—Scenes Without Editing. On the Filmic Dimension in the Painting of Eric Fischl), in Michael Glasmeier, Thomas Köhler, Annelie Lütgens (eds.), **Painting the Picture. Vorträge zur Malerei**, Salon Verlag, Cologne 2005, pp. 67–87.
[8] "Eric Fischl is a master of these orchestrated little gestures because they are completely incorporated into the painterly discourse,"—Jean Christophe Ammann, "The Encounter," in Eric Fischl, It's Where I Look…, loc. cit., n.p.

onto the contradictoriness of various possible interpretations.[9] Fischl is interested in the ambiguity of the gesture also as it arises in seemingly unequivocal situations. In relation to **Bad Boy**, he has described in a detailed manner how he establishes this ambiguity step by step, how he draws objects and bodies into the picture and then eliminates them, until the scene is so dense with signs that it appears to be legible at the same time that the signs subliminally thwart this very legibility.[10]

The "inner montage," the distribution of the bodies and objects in the spatial depth of the picture, is a principle which Fischl takes over directly from film. Just as in film (and differently than in theater), the elements—in disregard of their spatial depth— are arranged with respect to a surface and not to a space. Fischl thereby imitates the long takes of American cinema, particularly those of the nineteen-forties, for example in the films of William Wylers and Orson Welles. In static settings with a high sharpness of depth, they guided the gaze of the viewers by means of the movements and looks of the persons in the picture, as well as through the objects placed prominently in the foreground.

Thus for Eric Fischl, staging is a process of continuous construction—this is also evident in what is perhaps Fischl's most ambitious project of recent years, namely the Krefeld Project from 2002/2003 when, using flesh-and-blood actors and borrowed furniture in the spaces of the Haus Ester built by Mies van der Rohe, he staged a series of scenes which he later rearranged on the computer and ultimately installed again on-site as a series of paintings.[11]

It is not only in terms of formal qualities, however, that Eric Fischl's oeuvre evinces affinities to film. Fischl's idea of painting, he once explained, is "that painting should follow life and record where life leads."[12] The recording of life—is that not the most succinct definition of the cinematographic promise?

But life is depicted in the cinema as a series of gestures. For the smallest element of cinema—as argued by Giorgio Agamben with reference to Gilles Deleuze—is not the image, but rather the gesture. He summarizes Deleuze's thesis by observing that film consists of moving sections, of images of movement: pictures which are themselves in motion. Agamben states, however, that not only is this true for cinema, but it also describes the status of the image in modernism in general. Each picture is on the one hand an act of objectification, the extinguishing of a gesture, its coming to a deadening standstill, but at the same time the picture preserves precisely the gesture as a fragment. The living gesture dies in the image, but at the same time the image preserves something of this vitality. The individual image establishes a reference beyond itself in any case, as part of an absent whole which is still latently preserved in it. As in a fragment from a lost film found by chance in an archive, the lost totality appears in the image. We can understand Agamben as saying that the dynamic, corporeal, living gesture is dialectically **aufgehoben**—in other words, simultaneously preserved, negated and transferred onto another level. The fact that cinema has always been concerned with (cinematographically) recording not only movement, but also actually life as such, is indicated by one of its earlier names—the term "bioscope" (view of life), a designation still used today in the Netherlands. But just like all technical recording media, it only preserves traces of life. These are all that we have, however. And modern science—as

[9] "For me, the movement of between pose and posture always involves a flip-flop. What I am after is the point at which the body could be read one way and then be quickly undermined to bring in a more complicated set of conditions." — Fischl, On Questionable Pleasure, Eric Fischl 1970–2000, loc. cit., p. 240.
[10] Cf. Peter Schjeldahl, "Porträt des Künstlers als junger Mann" (Portrait of the Artist as a Young Man), in Eric Fischl. Gemälde und Zeichnungen 1979–2001, loc. cit., pp. 9–25, here p. 18.
[11] Martin Hentschel (ed.), Eric Fischl, The Krefeld Project, exhib. cat. Museum Haus Esters, Krefeld, Kerber Verlag, Bielefeld 2003.
[12] "Beschreiben als Verführung. Eric Fischl im Dialog mit Frederic Tuten," loc. cit., p. 31.

is observed by Beat Wyss, for example—"can only describe life by recording its impulses. It cannot explain life."[13] Thus discrete notation takes the place of continuous narration. The knowledge of life exhausts itself in instantaneous images of a documentary nature out of which, however, all living aspects have disappeared. Where information about "life" only seems still possible by means of notational systems and the securing of evidence regarding the bodies, it is there that this very vitality disappears from the field of knowledge. Life as totality—in the picture just as in every sign or artifact—is only present in its absence.

Life doesn't live—Adorno once prefixed this motto to the **Minima Moralia**. With regard to life, we can only say that it surpasses all attempts to pin it down—and thereby shows itself to be more than the reverse side of notational practice. As is well known, life is not only that which occurs while one is involved with making other plans, but above all it is that which, one must recognize again and again, fundamentally evades the endeavor to record it.

When in the nineteen-nineties Eric Fischl began to turn his attention once again to sculpture, he cited as his reason the desire to impart a sort of life to his pictures: "to reenergize my paintings."[14] The sculpture was intended to be a medium for finding the way out of a painterly crisis. Fischl has described the exact sense in which sculpture is for him a medium for the preservation of living gestures. His sculptural work revolves around the hand in the process of its imparting form, around the unconscious knowledge of the body, the stored experience of the hands which is directly transferred into the material and which always becomes visually experienceable at a later point in time.[15] In Fischl's sculptures, the body is also situated at the center as a theme: They isolate an aspect which, in his paintings, was always preserved in the staged aspect. And all contradictions and multiple meanings which are carried by the scenic composition in his paintings are now imposed upon the isolated bodies of the figures.

Fischl himself names two crucial historical points of reference to which he relates the development of the image of the body in modern sculpture: Rodin and Giacometti. For Fischl, Rodin is the last sculptor to conceive of the body as built up out of skin and muscles, to regard it as a physical, also a sexual being. In the case of Giacometti, this perspective is replaced by an almost complete denial of corporeality; the figure becomes fragile and vulnerable: existentialism instead of vitalism, if one wishes to reduce matters to a simple formula. A fleeting glance at Fischl's sculptures reveals which model he is oriented towards. But his sculpture is not a simple return to Rodin. If at all, then he conceives of Rodin from Giacometti's point of view, in other words regards life translated into form as always already endangered and threatened by extinction.

For what does it mean to breathe life into images? As representations of absence, pictures are always in a certain sense already located in an intermediate realm between life and death, between gesture and vestige, presence and memory. This has often been observed with regard to photography—but perhaps photography only makes evident that which is valid for pictures in general: They resemble ghosts. This is the source of the indefatigable wish to awaken them to life, according to Agamben: "Images are alive, but because they consist of time and memory, their life is always already a **Nachleben** (afterlife), and from the beginning it is menaced and quickly inclined to take on the form of a ghost."[16]

[13] Beat Wyss, Vom Bild zum Kunstsystem (From Image to Art System), Verlag der Buchhandlung Walther König, Cologne 2006 (Kunstwissenschaftliche Bibliothek, Volume 32), p. 108.
[14] Quoted according to Danto, "Formation, Success, and Mastery: Eric Fischl Through Three Decades," loc. cit., p. 22.
[15] Danto, "Formation, Success, and Mastery: Eric Fischl Through Three Decades," p. 23.
[16] Giorgio Agamben, "Nymphae" (Nymphs), in ibid., Nymphae, edited and translated by Andreas Hiepko, Berlin 2005, pp. 7–47, here p. 20. Agamben utilizes Warburg's term Nachleben in the original German.

Fischl's painting, which ever since the nineteen-eighties refers back to photographic models, can already be understood as an endeavor of resurrection—as Fischl's painter colleague Francesco Clemente puts it, for example: "Eric Fischl paints from his photographs, a veritable Orpheus retrieving from the realm of shadows an unexpected burst of overflowing flesh."[17] But there seems to be a misunderstanding here: The strength of Fischl's art lies, not in breathing a renewed life into shadows, but in presenting the obscure aspect of that which is seemingly alive. Painting and sculpture, one could say, are two different forms of the rendering visible of light. Instead of depicting light in the manner of the painter, in other words translating a phenomenon into material, turning color into paint, the sculptor shapes surfaces upon which light is refracted, which become visible in light, and whose form is revealed in the play of light and shadow. In painting, the non-physical light is manifested as a layer of pigment on the canvas, as a sort of skin; sculpture, on the other hand, sets bodies into light, exposes them to light and renders it perceptible upon them. Either way it is the case that light in space remains invisible as such, until it encounters a body which reflects it. For instance, we see the rays of a spotlight only where the room is filled with dust or smoke. Almost like life itself, light only shows itself in an indirect fashion, conveyed by bodies. Or in its absence, in shadows and traces, as in photography, the lettering in light which is always at the same time an outline of shadows. It is only by means of detours that we experience light or life.

Eric Fischl's sculptures have provoked intense negative reactions. The art critic and historian Donald Kuspit, once a passionate advocate of Fischl's painting, reproached him for second-hand melodrama, arguing that the artist, in contrast to his apparent model Rodin, is unable to imbue his figures with actual emotional life, but that instead their emotional excess remains purely superficial and physical.[18] Kuspit criticized Fischl for something which could just as well be viewed as a strength of his art, namely the fact that it ultimately conducts all psychological elements into a void and reveals what is only their apparent vitalism, the fact that it is unable to preserve life.

Fischl's sculptural work also caused offense outside the domain of art criticism. Already the unveiling of Fischl's sculpture of the tennis player Arthur Ashe in Flushing Meadows engendered a peculiar controversy which had to do above all with the nakedness of the figure. The work **Tumbling Woman**, which was intended to be displayed in New York's Rockefeller Center in the autumn of 2002, one year after the attacks on September 11, was deemed to be far more offensive. The figure was understood to be a quasi-photojournalistic rendition of the shocking images, still deeply imprinted in everyone's memory, of the people who hurled themselves from the burning towers, and Fischl was reproached for a lack of respect, even for cynicism.[19] But this sort of criticism, even if it is understandable in terms of people's feelings, proves to be short-sighted. For it remains impossible to decide whether the figure is actually falling. In no way, however, is the brutal instant of impact being presented; instead **Tumbling Woman** remains in a latent state where things seem to be out of control, but rescue still seems possible: "The thing is that if you look at the piece itself, it feels like a dream in which somebody is floating. There's no weight there that is sending the crushing, rippling current back through the body as it hits a solid mass," Fischl subsequently stated in an

[17] Francesco Clemente, "Letting the Days Go By," loc. cit.
[18] "Fischl offers us a kind of aborted Rodinism: secondhand dramatic modeling ostensibly revitalized by daring new 'transgressive' poses (or rather posturings). … Fischl's sculptures are pseudo-visionary, for they show only a conventional, skin-deep understanding of the eschatological concerns they engage. … Fischl's figures are too melodramatically physical to be emotionally convincing, even as they suggest the body ego in which the most basic emotions originate." — Donald Kuspit, "Eric Fischl: Body Ego," artnet.com Magazine, 09 / 1988.
[19] Cf. Annelie Lütgens, "Touched. Körper, Raum und Licht bei Eric Fischl" (Touched. Body, Space and Light in the Works of Eric Fischl), in Eric Fischl. Gemälde und Zeichnungen 1979–2001, loc. cit., pp. 21–25, here p. 23.

interview.[20] With dreamlike logic, the sculpture persists in holding off the ultimate, deadly outcome. It depicts the human body in a state of endangerment while preserving it precisely from the brutality of unequivocal ascriptions. What it utterly lacks, however, is heroism of any sort, that feeling of strength which America was longing for all the more after the attacks. Instead the sculpture embodies a weak life as the plaything of external forces, the dream—perhaps a futile one—of not disappearing without a trace.[21]

The gesture never opens up to interpretation out of itself. The significance of the gesture is instead an effect of history; it only becomes comprehensible in terms of its **before** and **afterwards**. And yet the gesture interrupts the course of history; it emerges out of that flow and sets itself up in contrast. The gesture reveals dynamism not only **in**, but also **as** standstill. If life is in fact Fischl's theme, then it is a precarious life, one which is capable of overcoming futility and exhaustion only for brief moments which seem to be held in their very hovering. At these instants, time stands still. And all around it, night reigns supreme.

[20] Eric Fischl in an interview with David Rakoff, New York Times, October 27, 2002.

[21] In an interview, Fischl has described the difference between Goya and Picasso from his point of view, and he leaves scarcely any doubt as to which artist his sympathies lie with: "With the exception of **Guernica**, Picasso always stands at the center of his world. He always exercises control over it. Even though Goya does not accept that one cannot speak about it, nevertheless he accepts that he is the witness to a world over which he has no control. His language is that of sadness. Sadness does not belong to Picasso's emotional vocabulary." Quoted according to "Beschreibung als Verführung. Eric Fischl im Dialog mit Frederic Tuten," loc. cit., p. 28.

Detail von | Detail of
Kongress der Witzigen | Congress of Wits
2007

Kongress der Witzigen | Congress of Wits
2007

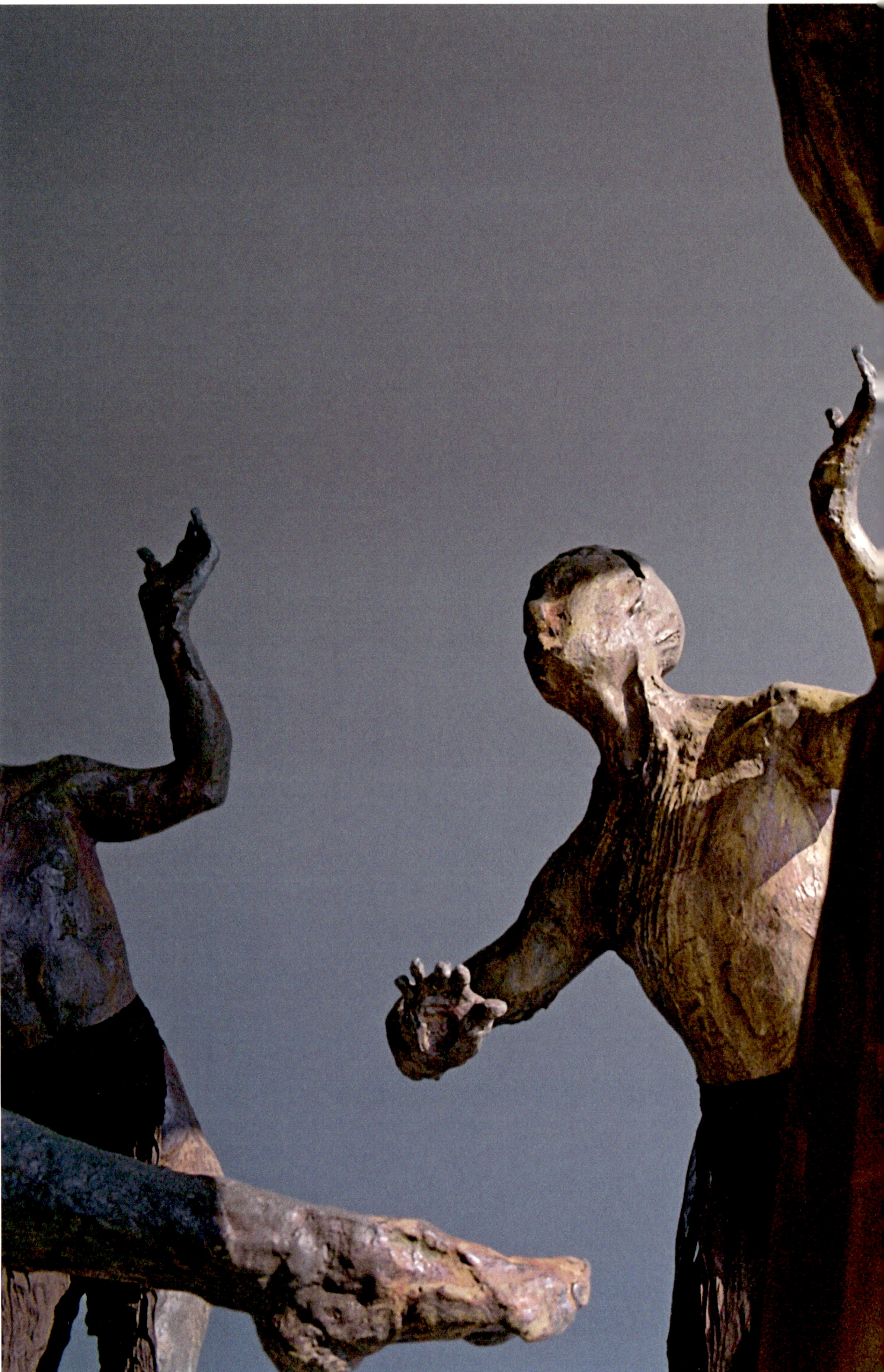

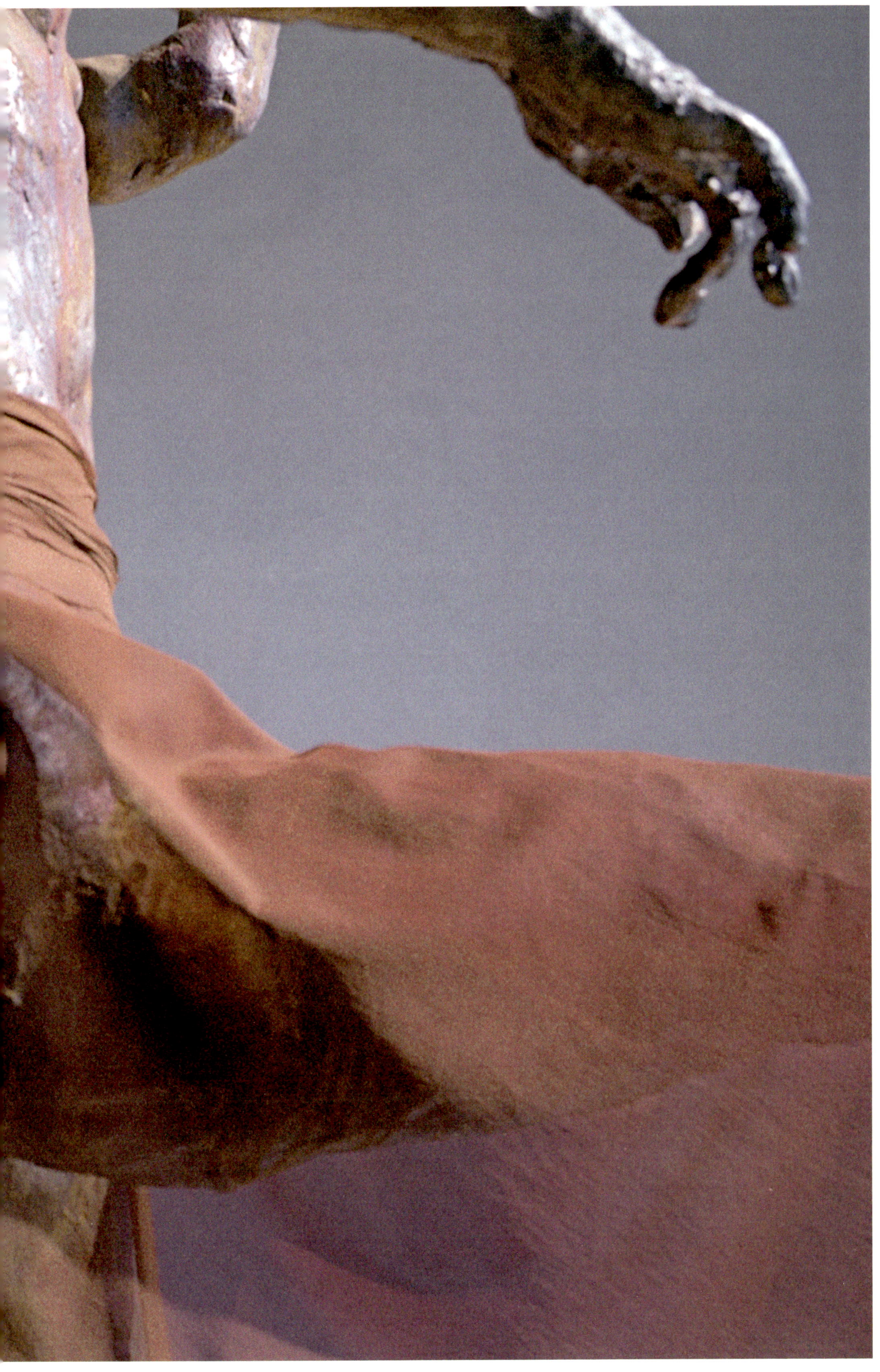

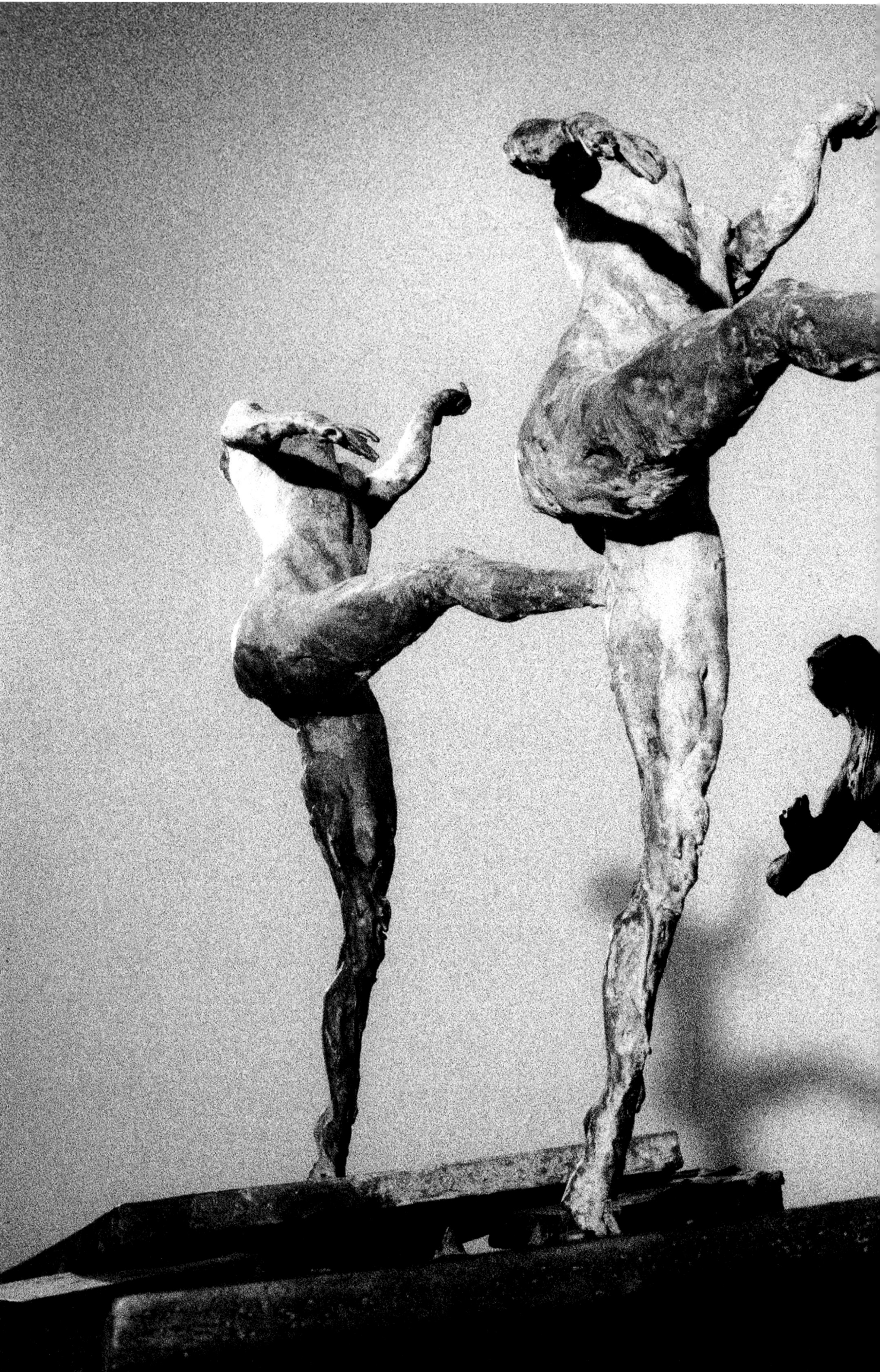

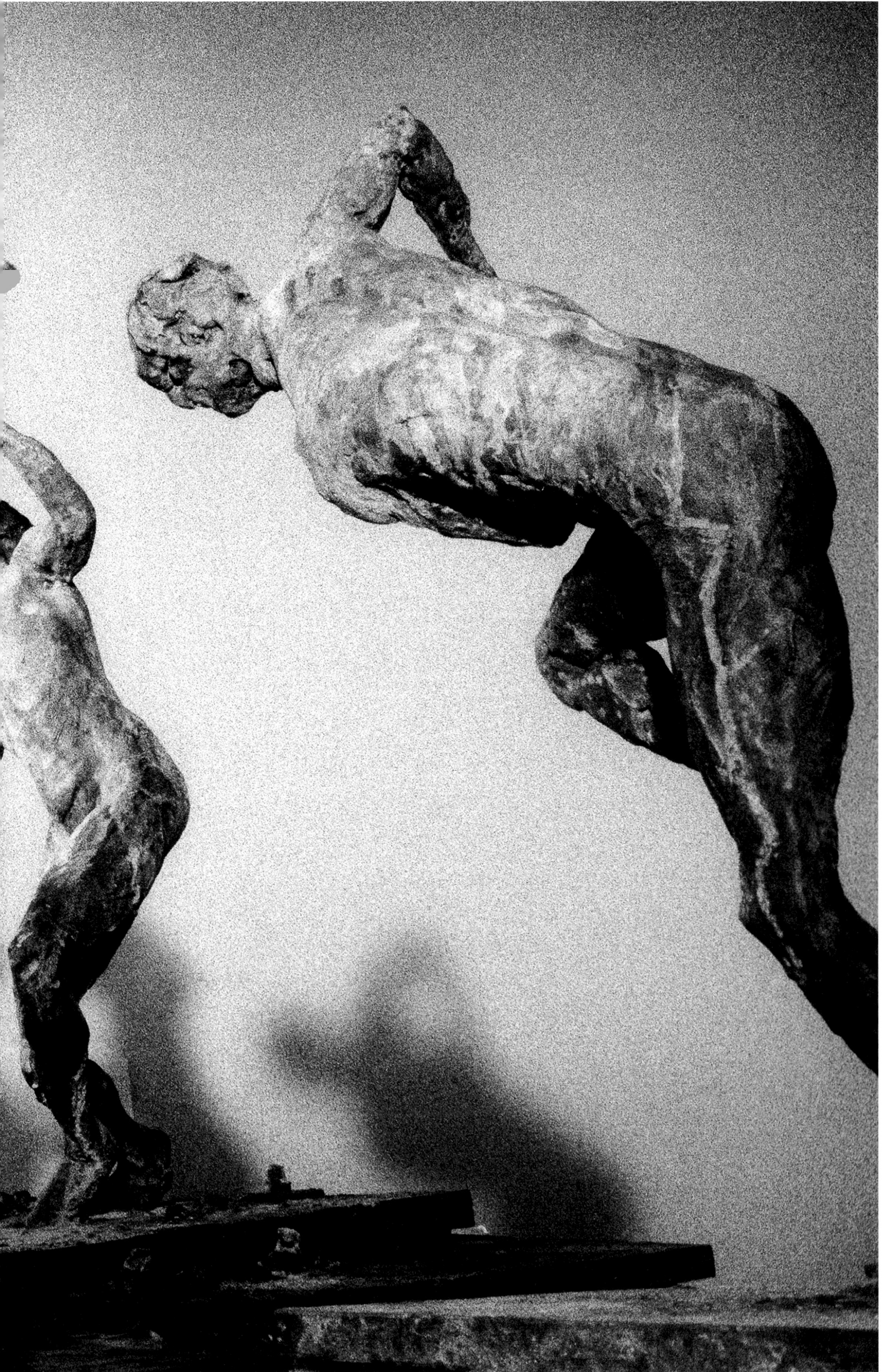

S. | p. 85–87

Details von | Details of
Kongress der Witzigen | Congress of Wits
2007

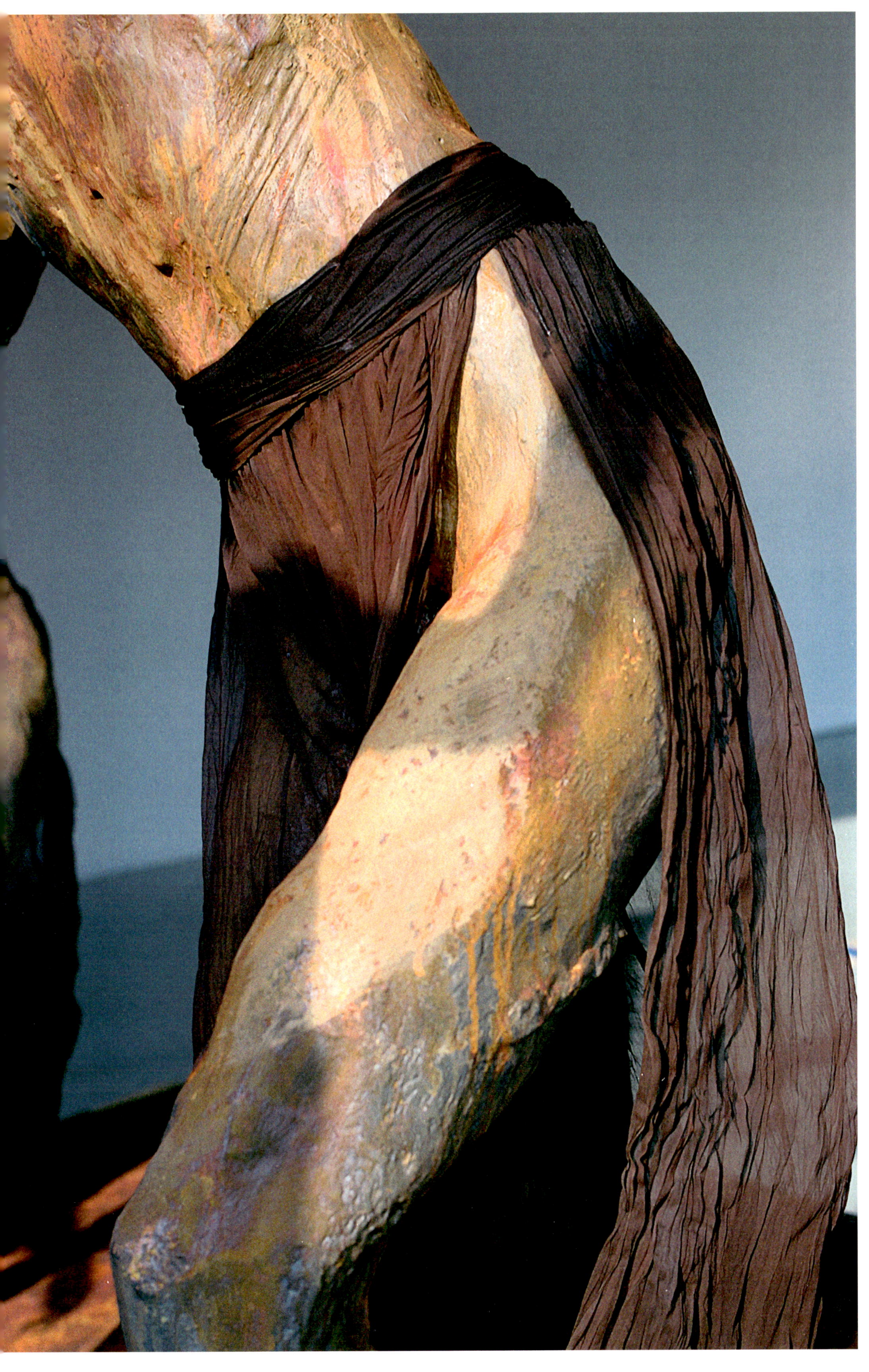

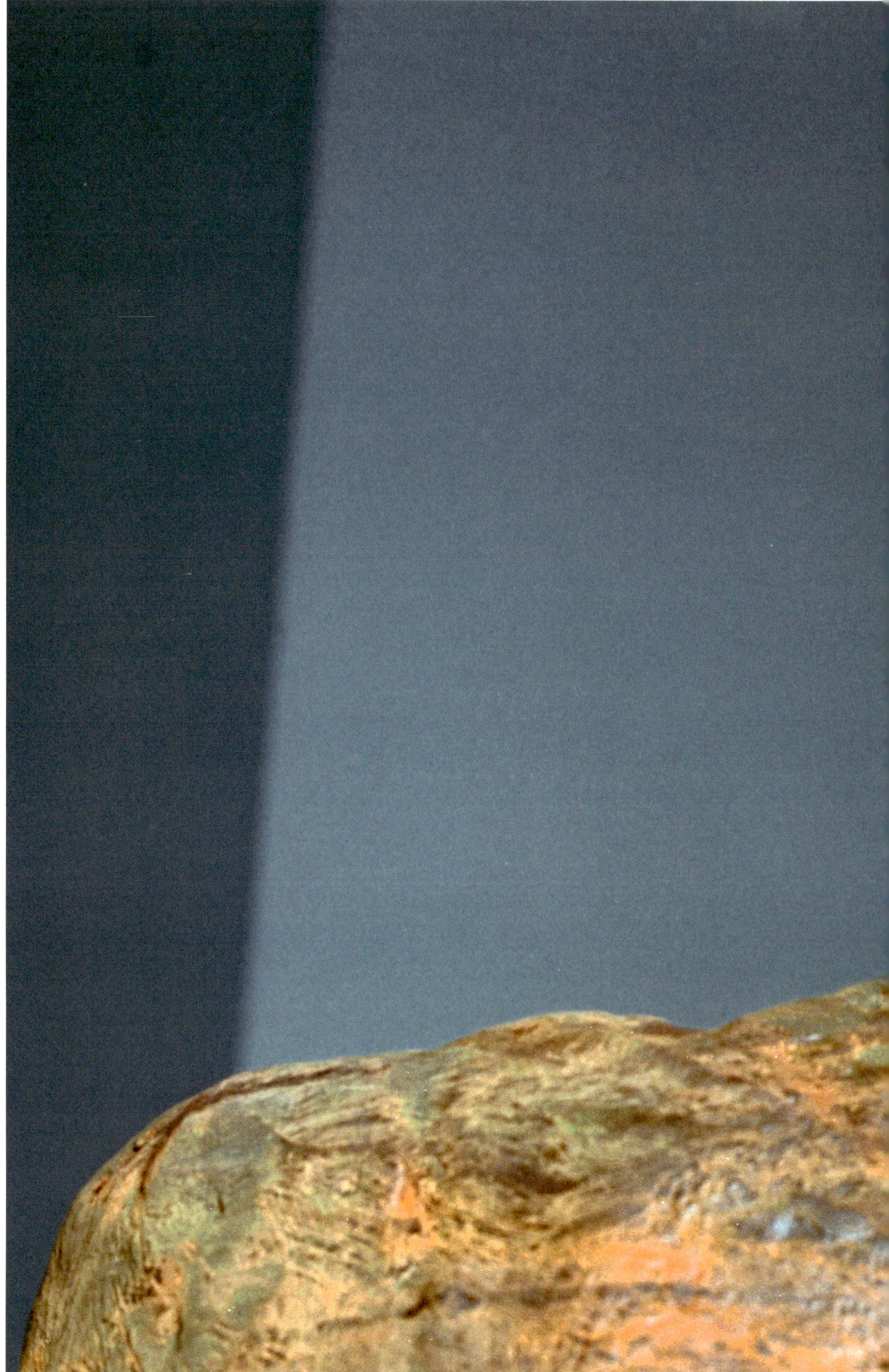

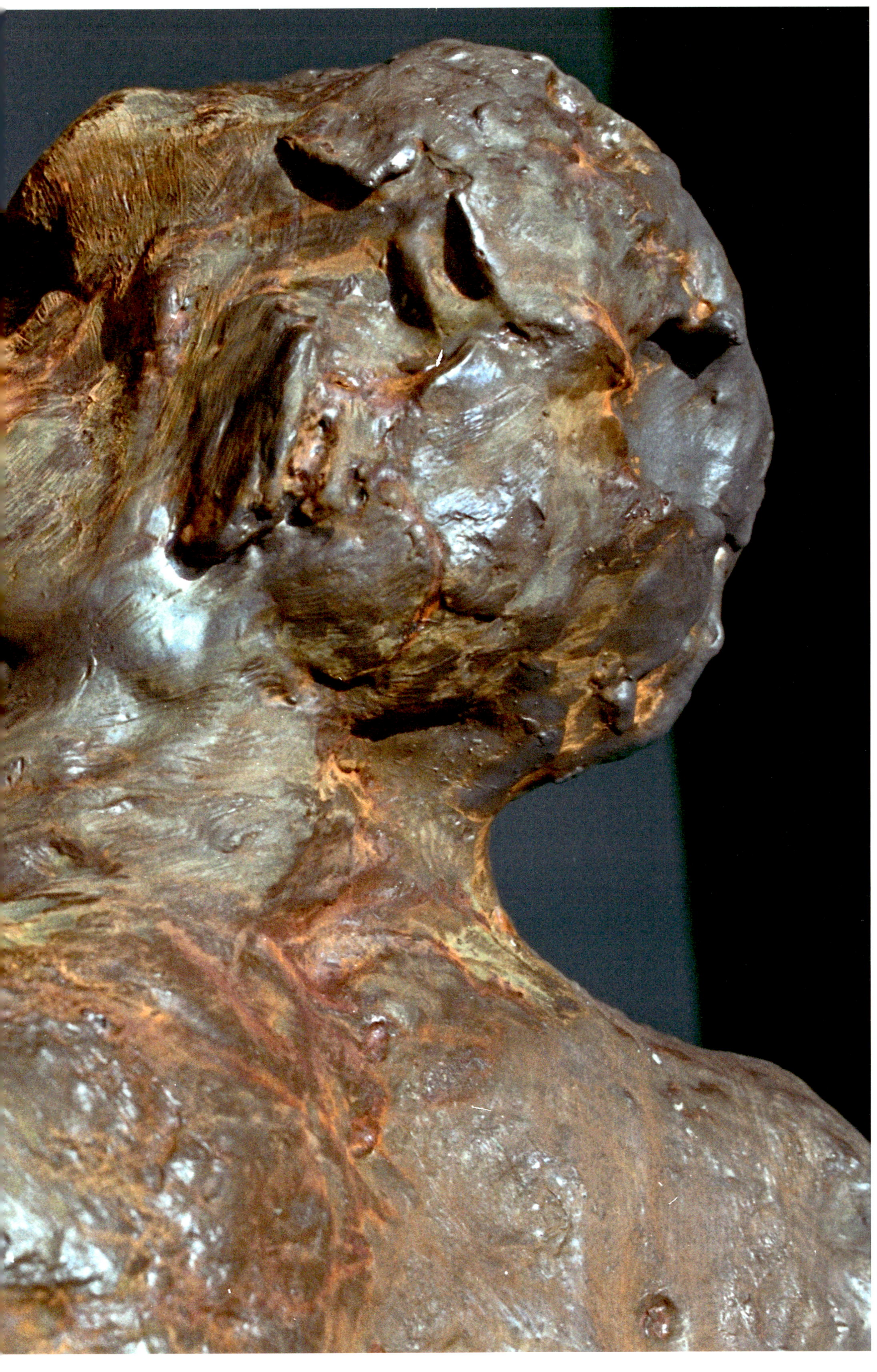

Liste der ausgestellten Papierarbeiten

Catalog of exhibited Works on Paper

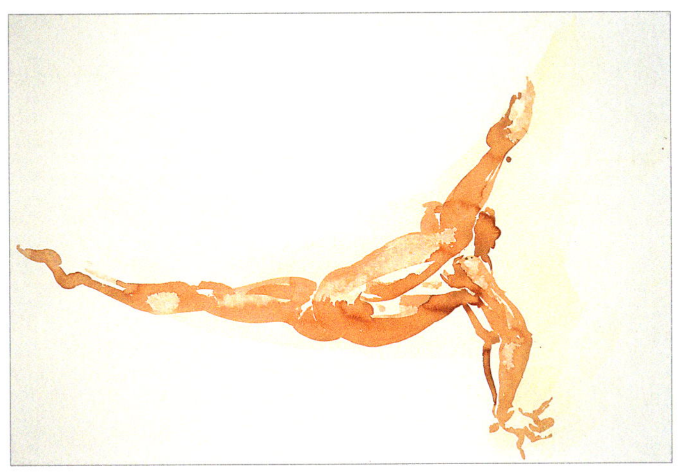

Ohne Titel | Untitled
2001
Wasserfarben auf Papier | Watercolor on paper
102,23 x 151,76 cm | 40.25 x 59.75 inches
Sammlung | Collection: Eric Fischl

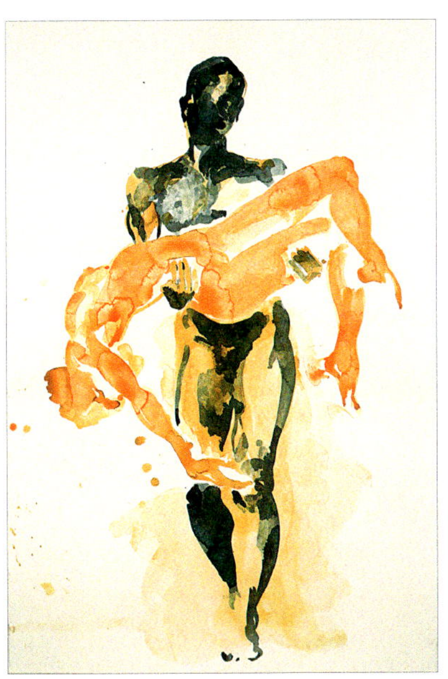

Ohne Titel | Untitled
2001
Wasserfarben auf Papier | Watercolor on paper
102,23 x 151,76 cm | 40.25 x 59.75 inches
Sammlung | Collection: Eric Fischl

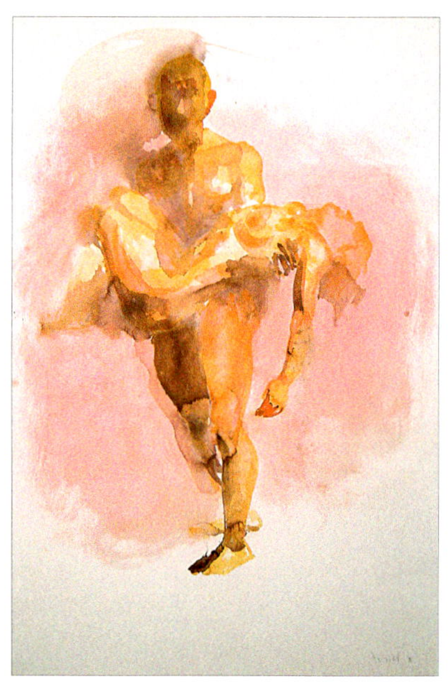

Ohne Titel | Untitled
2001
Wasserfarben auf Papier | Watercolor on paper
102,23 x 151,76 cm | 40.25 x 59.75 inches
Sammlung | Collection: Eric Fischl

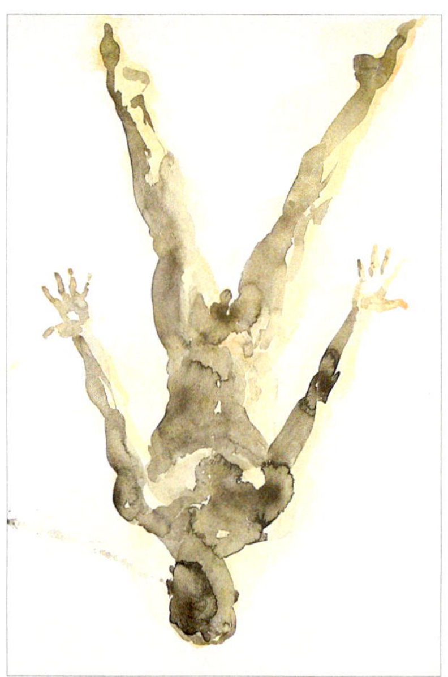

Ohne Titel | Untitled
2001
Wasserfarben auf Papier | Watercolor on paper
151,76 x 102,23 cm | 40.25 x 59.75 inches
Sammlung | Collection: Eric Fischl

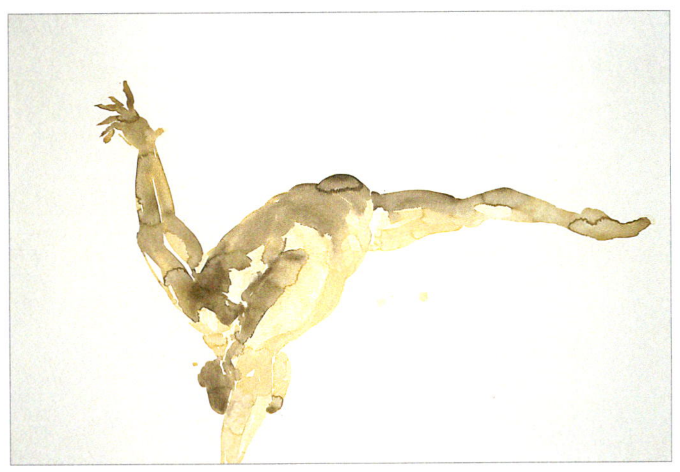

Ohne Titel | Untitled
2001
Wasserfarben auf Papier | Watercolor on paper
102,23 x 151,76 cm | 40.25 x 59.75 inches
Sammlung | Collection: Eric Fischl

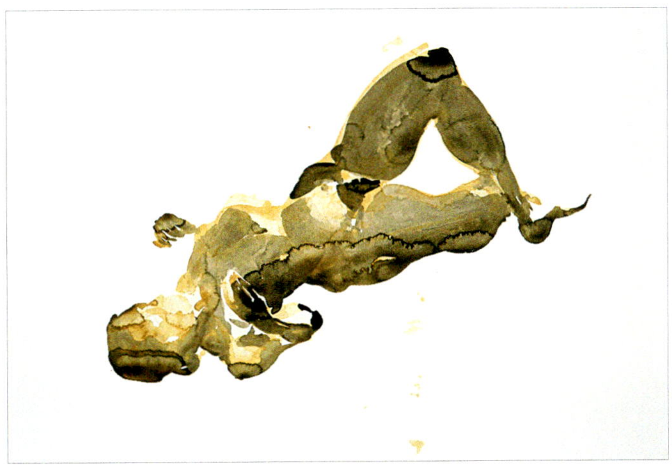

Ohne Titel | Untitled
2001
Wasserfarben auf Papier | Watercolor on paper
151,76 x 102,23 cm | 59.75 x 40.25 inches
Sammlung | Collection: Eric Fischl

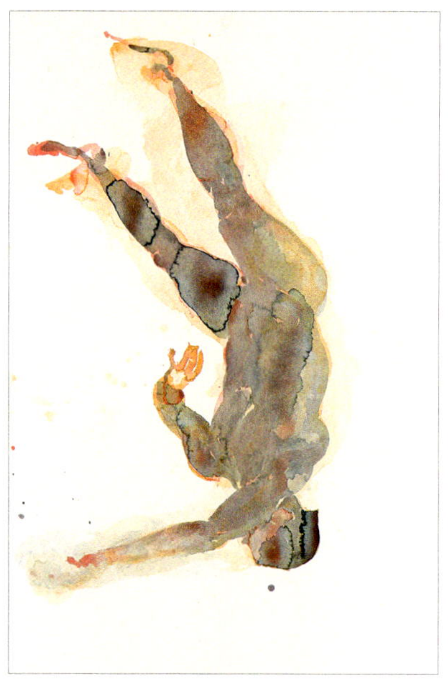

Ohne Titel | Untitled
2001
Wasserfarben auf Papier | Watercolor on paper
152,4 x 101,6 cm | 60 x 40 inches
Sammlung | Collection: Eric Fischl

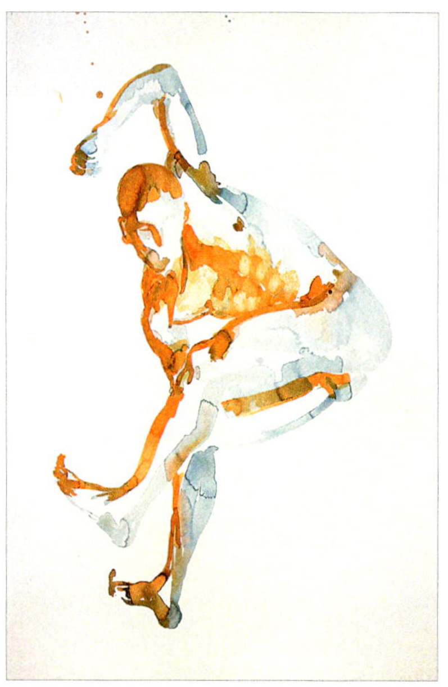

Ohne Titel | Untitled
2001
Wasserfarben auf Papier | Watercolor on paper
151,76 x 102,23 cm | 59.75 x 40.25 inches
Sammlung | Collection: Eric Fischl

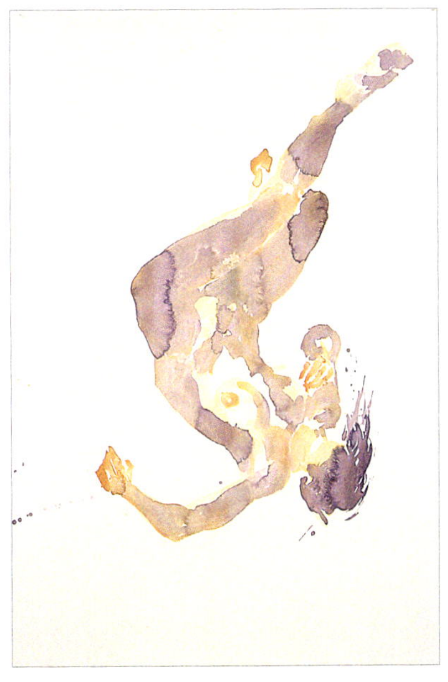

Ohne Titel | Untitled
2001
Wasserfarben auf Papier | Watercolor on paper
151,76 x 102,23 cm | 59.75 x 40.25 inches
Sammlung | Collection: Eric Fischl

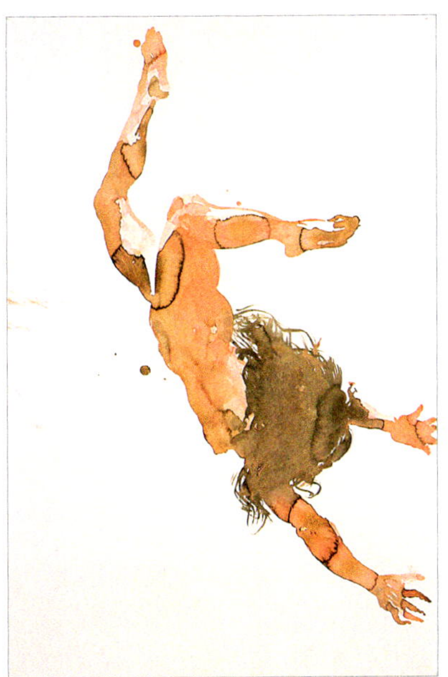

Ohne Titel | Untitled
2001
Wasserfarben auf Papier | Watercolor on paper
151,76 x 102,23 cm | 59.75 x 40.25 inches
Sammlung | Collection: Eric Fischl

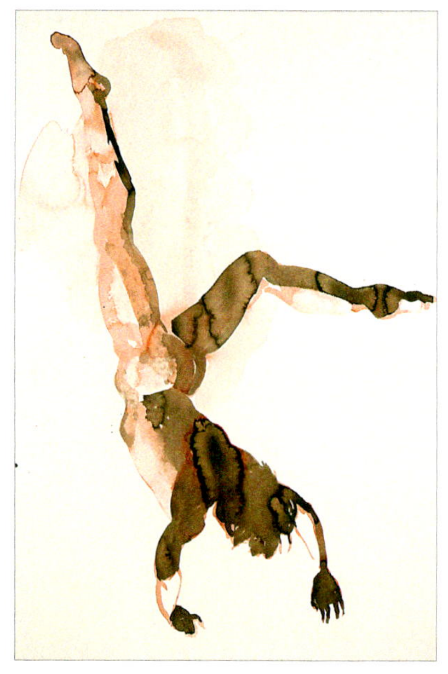

Ohne Titel | Untitled
2001
Wasserfarben auf Papier | Watercolor on paper
151,76 x 102,23 cm | 59.75 x 40.25 inches
Sammlung | Collection: Eric Fischl

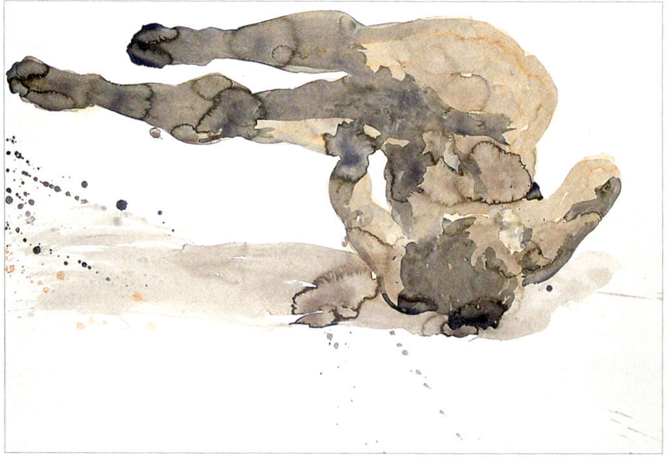

Ohne Titel | Untitled
2001
Wasserfarben auf Papier | Watercolor on paper
101,6 x 152,4 cm | 40 x 60 inches
Sammlung | Collection: Eric Fischl

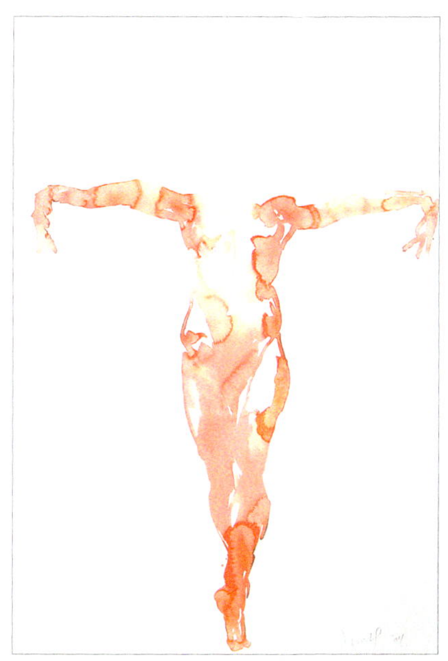

Ohne Titel | Untitled
2004
Wasserfarben auf Papier | Watercolor on paper
153,7 x 101,6 cm | 60,5x 40 inches
Sammlung | Collection: Eric Fischl

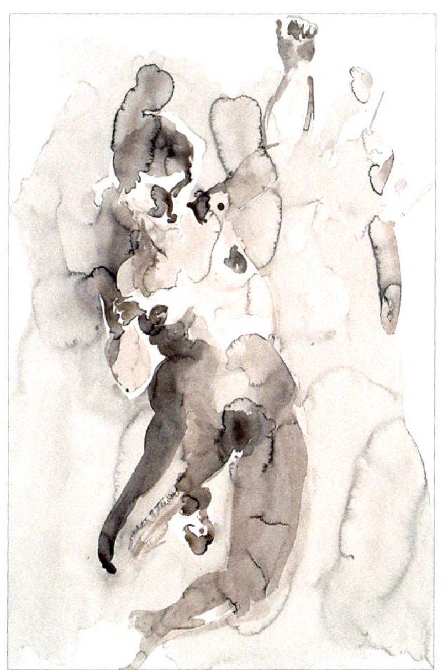

Ohne Titel | Untitled
2006
Wasserfarben auf Papier | Watercolor on paper
152,4 x 101,6 cm | 60 x 40 inches
Sammlung | Collection: Eric Fischl

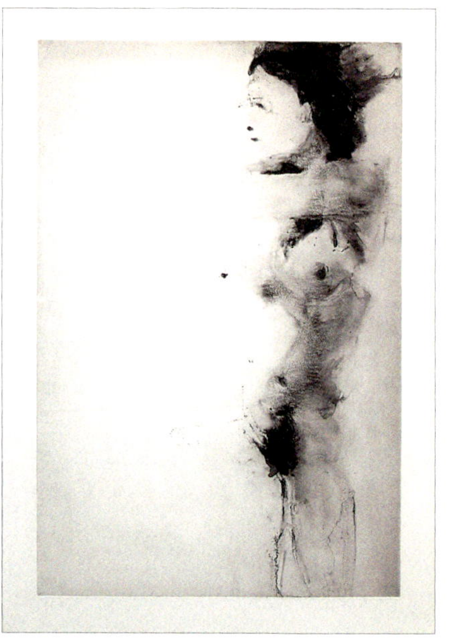

Ohne Titel (Einzelne große Frauengestalt) | Untitled (Single Large Woman Figure)
2006
Solarplatten Radierung | Solar plate etchings
114,3 x 81,3 cm | 45 x 32 inches
Sammlung | Collection: Eric Fischl
kestnergesellschaft, Hannover

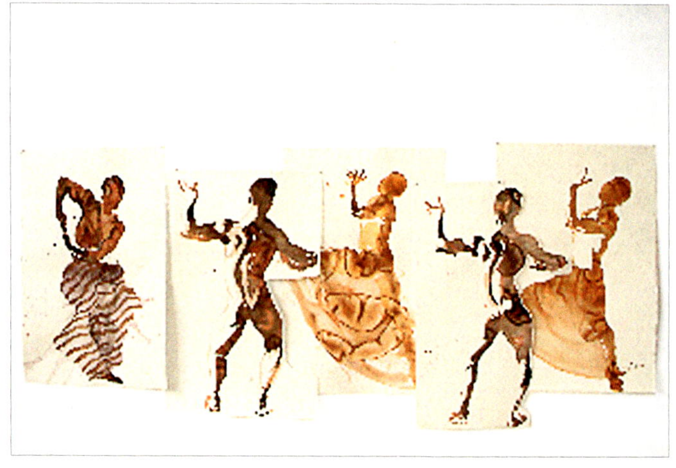

5 Dancers
2006
Wasserfarben auf Papier (5-teilig) | Watercolor on paper (5 pieces)
153,7 x 419,1 cm | 69 3/4” x 165” inches
Sammlung | Collection: Eric Fischl

Biographie

Zusammengestellt von Michael Petter

1948

in New York geboren.
Kindheit in Port Washington auf Long Island.

1968/69

Studium am Phoenix Junior College und der Arizona State University in Phoenix.
Angeregt durch Merrill Mahaffey und Bill Swaim – beides Maler, die seine Lehrer waren – beginnt Eric Fischl mit dem Malen.

1970 – 1973

Studium am California Institute of the Arts in Valencia, California.
Er schließt Bekanntschaft mit David Salle, Ross Bleckner, Matt Mullican, Barbara Bloom und Jack Goldstein.

1974 – 1978

Er wird Professor am Nova Scotia College of Art and Design in Halifax, Kanada.
Dort trifft er April Gornik, die er später heiraten wird.

1976/77

Nach seiner abstrakteren Frühphase kehrt er zu figurativen Elementen zurück.
Er erschafft die **Fisher Family**, deren Mitglieder Protagonisten mehrerer Gemälde und Arbeiten auf Papier werden.

1978

Umzug nach New York.
Suche nach neuen Themen und Beginn seiner Arbeit, die mit dem Thema "der Initiation eines Jungen" zu tun hat. Er experimentiert mit dem komplexen Erfahrungen des Aufwachsens in einer dysfunktionalen Familie in den Vorstädten. Die Inhalte handeln von Alkoholismus und Sexualität.

1979/80

Das Gemälde **Sleepwalker**, in dem ein masturbierender Junge darstellt löst einiges an Aufregung aus und führt zu einem hohen Bekanntheitsgrad zunächst in den USA und später auch in Europa.

1987

Teilnahme an der documenta 8 in Kassel.
Seine Bilder sind politisch und beleuchten den Hintergrund der amerikanischen Gesellschaft.

1989

Reise nach Indien

1995

Nach dem Tod seines Vaters nimmt er eine Einladung der American Academy in Rom nach Italien zu kommen an. In dieser Zeit entstehen Bilder dunkler Innenräume und religiöser Orte in denen er das Wesen des Glaubens angesichts von Verlust in Frage stellt.

2002

Ausgehend von den Ereignissen des 11. September erstellt er eine Serie von Zeichnungen, die fallende, hilflose und leidende Menschen abbilden.
Seine Bronzeskulptur **Tumbling Woman II** erregte die transatlantischen Gemüter. Die Arbeit symbolisiert die Orientierungslosigkeit und den schmerzlichen Verlust nach den Anschlägen des 11. September. Auf Grund heftiger öffentlicher Kritik, die die Abbildung einer von den Twin Towers herabspringenden oder fallenden Person betraf, wurde die Skulptur als aufsehenerregend und unsensibel falschverstanden und nach wenigen Tagen aus dem Rockefeller Centre in New York entfernt.

Heute

Eric Fischl lebt und arbeitet mit seiner Frau April Gornik in Sag Harbor, N.Y.
Ausserdem hat er das Amt des senior critic an der New York Academy of Art inne.

Biography

Compiled by Michael Petter

1948

Born in New York City,
Raised in Port Washington, Long Island

1968/69

Studies at the Phoenix Junior College and the Arizona State University in Phoenix
Motivated by both Merrill Mahaffey and Bill Swaim—painters who were his teachers—Eric Fischl starts painting.

1970–1973

Studies at the California Institute of the Arts in Valencia, California
Becomes acquainted with David Salle, Ross Bleckner, Matt Mullican, Barbara Bloom and Jack Goldstein

1974–1978

Professorship at the Nova Scotia College of Art and Design in Halifax, Canada
Meets April Gornik who will later become his wife

1976/77

After his more abstract, early phase he turns to figurative elements.
He creates the **Fisher family**, whose members become protagonists of numerous paintings and works on paper.

1978

Moves to New York City
Search for new topics and onset of his work concerning the theme "the initiation of a boy".
He deals with the complex experiences of growing up in a dysfunctional family and with the experiences of growing up in the suburbs. His subject matter takes on issues of alcoholism and sexuality as currencies of exchange.

1979/80

The canvas **Sleepwalker** which depicts a masturbating boy induces some agitation and leads to a high degree of popularity first in the USA and later in Europe.

1987

Attendance at the documenta 8 in Cassel
His images are political and illuminate the background of the American society.

1989

Voyage to India

1995

After his father's death he accepted an invitation from the American Academy of Rome to come to Italy. During this period, images of dark interiors religious locations emerge in which he questions the nature of faith in the face of loss.

2002

Based on the tragic occurrence of September 11 he provides a set of watercolors that depict falling, helpless and suffering people.
His sculpture of bronze **Tumbling Woman** excites the transatlantic minds. The work symbolizes disorientation and the bereavement after the attacks of September 11. Due to vigorous public criticism concerning the depiction of a person leaping or falling down the Twin Towers, the sculpture is misinterpreted as sensational and insensitive and was removed from the Rockefeller Centre in New York after only a few days.

Today

Eric Fischl lives and works with his wife April Gornik in Sag Harbor, N.Y.
Additionally he functions as senior critic at the New York Academy of Art.

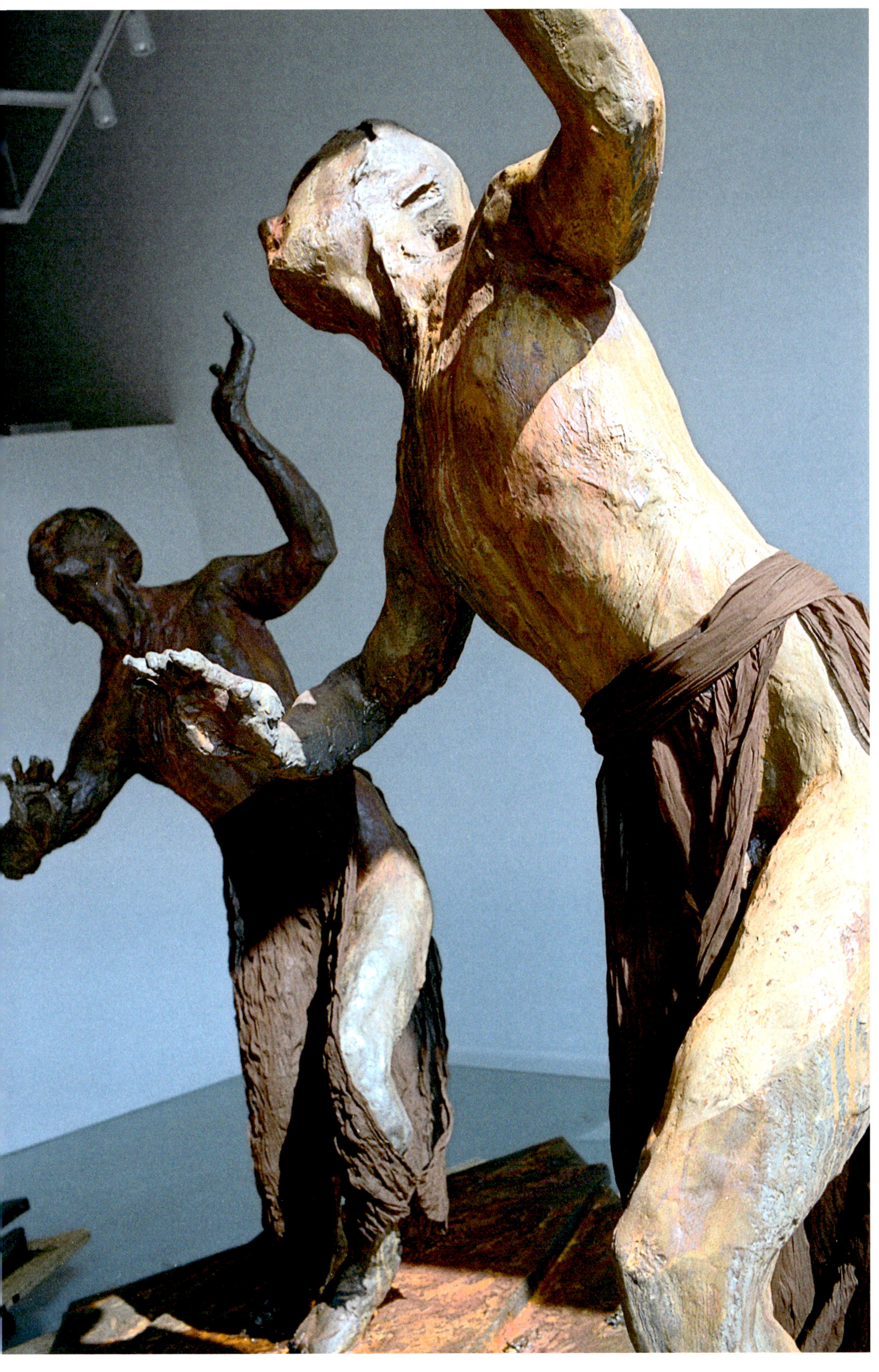

Einzelausstellungen | Single Exhibitions

Zusammengestellt von | Compiled by Sarah Steingrube

1975

Dalhousie Art Gallery, Halifax, Canada.

1976

Studio, Halifax, Canada.
Galerie B., Montreal, Canada.

1978

Galerie B., Montreal, Canada.

1980

Edward Thorp Gallery, New York, U.S.A.
Eric Fischl, Paintings and Drawings, Emily Davis Art Gallery, University of Akron, Akron, Ohio, U.S.A.

1981

Sable-Castelli Gallery, Toronto, Canada.
Edward Thorp Gallery, New York, U.S.A.

1982

Edward Thorp Gallery, New York, U.S.A.
University of Colorado Art Galleries, Boulder, Colorado, U.S.A.
Sable-Castelli Gallery, Toronto, Canada.

1983

Eric Fischl, Paintings, Sir George Williams Art Galleries, Concordia University, Montreal, Canada.
Eric Fischl, Dessins, Saidye Bronfman Centre, Montreal, Canada.
Larry Gagosian Gallery, Los Angeles, California, U.S.A.

Birthday Boy, Mario Diacono Gallery, Rom | Rome, Italien | Italy.
Multiples|Marian Goodman Incorporated, New York, U.S.A.
Nigel Greenwood Gallery, London, England.

1984

Mary Boone Gallery, New York, U.S.A.
Currents, Institute of Contemporary Art, Boston, Massachusetts, U.S.A.

1985

Eric Fischl, Paintings, Mendel Art Gallery, Sakatoon, Canada.
Stedelijk Van Abbemuseum, Eindhoven, Niederlande | Netherlands.
Kunsthalle Basel, Basel, Schweiz | Switzerland.
Institute of Contemporary Arts, London, England.
Art Gallery of Ontario, Toronto, Canada.
Museum of Contemporary Art, Chicago, Illinois, U.S.A.
Sable-Castelli Gallery, Toronto, Canada.
Eric Fischl, The Works on Glassine, Maria Diacono Gallery, Boston, Massachusetts, U.S.A.

Eric Fischl, Paintings, Whitney Museum of American Art, New York, U.S.A.
Mary Boone Gallery, New York, U.S.A.
Larry Gagosian Gallery, Los Angeles, California, U.S.A.
Daniel Weinberg Gallery, Los Angeles, California, U.S.A.
Eric Fischl, Scenes Before the Eye, University Art Museum, California State University , Long Beach,
California, University of California, Berkeley, California, U.S.A.

Mary Boone Gallery, New York, U.S.A.
Sable-Castelli Gallery, Toronto, Canada.

Eric Fischl, Scenes Before the Eye, Contemporary Arts Center, Honolulu, Hawaii, U.S.A.
Weitere Stationen | Traveled to:
The Baltimore Museum of Art, Baltimore, Ohio, U.S.A.
The Saint Louis Art Museum, Saint Louis, Missouri, U.S.A.

Eric Fischl, Bilder und Zeichnungen, Gallerie Michael Werner, Köln, Deutschland | Germany.
Mary Boone Gallery, New York, U.S.A.

Waddington Galleries, London, England.

Akademie der Bildenden Künste, Wien, Österreich | Austria.
Musée Cantonal des Beaux-Arts de Lausanne, Lausanne, Schweiz | Switzerland.
Koury-Wingate Gallery, New York, U.S.A.

Scenes and Sequences, Frederick Wight Art Gallery, University of California, Los Angeles, California, U.S.A.
Weitere Stationen | Traveled to:
Walker Art Center, Minneapolis, U.S.A.
Yale University Art Museum, New Haven, Connecticut, U.S.A.

Eric Fischl, Photographs and Prints, Cleveland Center for Contemporary Art, Cleveland, Ohio, U.S.A.
Mary Boone Gallery, New York, U.S.A.
Eric Fischl, A Survey of Etchings, Woodcuts and Monotypes from the Past Decade,
Mary Ryan Gallery, New York, U.S.A.
Eric Fischl, Works in Progress, Walker Art Center, Minneapolis, Minnesota, U.S.A.

1991
Eric Fischl, Scenes and Sequences, The Hood Museum of Art, Dartmouth College, Hanover,
New Hampshire, U.S.A.
Aarhus Kunstmuseum, Aarhus, Dänemark | Denmark.
Louisiana Museum of Modern Art, Humlebaek, Dänemark | Denmark.
Eric Fischl, A Cinematic View, Guild Hall Museum, East Hampton, New York, U.S.A.
Currents 19. Eric Fischl Drawings, Milwaukee Art Museum, Milwaukee, Wisconsin, U.S.A.

1992
St. Tropez 1982–1988. Photographs, Michael Kohn Gallery, Santa Monica, California, U.S.A.
Eric Fischl Drawings, Montgomery Museum of Fine Arts, Montgomery, Alabama, U.S.A.
Eric Fischl Drawings, Center for the Fine Arts, Miami, Florida, U.S.A.
Mary Boone Gallery, New York, U.S.A.

1993
Eric Fischl, New Solar Plate Intaglio Prints, Mary Ryan Gallery, New York, U.S.A.
Galería Soledad Lorenzo, Madrid, Spanien | Spain.

1994
Eric Fischl, Œuvres Récentes, Galerie Daniel Templon, Paris, Frankreich | France.
Daniel Weinberg Gallery, San Francisco, California, U.S.A.
Eric Fischl, Watercolors, Off Shore Gallery, East Hampton, New York, U.S.A.
Eric Fischl, The Travel of Romance, Mary Boone Gallery, New York, U.S.A.
Eric Fischl, New Paintings and Watercolors, Laura Carpenter Fine Art, Santa Fe, New Mexiko, U.S.A.

1995
Eric Fischl, Solar Intaglio Prints, Alexa Lee Gallery, Ann Arbor, Michigan, U.S.A.
Michael Nagy Fine Art, Potts Point, Australien | Australia.

1996
Mary Boone Gallery, New York, U.S.A.
Eric Fischl, Prints and Monotypes, Numark Galleries, Washington, D.C., U.S.A.

1997
Works on Paper, 1996–1997, Baldwin Gallery, Aspen, Colorado, U.S.A.
Saint-Tropez. Photographies, Gallerie Daniel Templon, Paris, Frankreich | France.

1998
Eric Fischl, Sculpture, Gagosian Gallery, New York, U.S.A.
Eric Fischl, Recent Paintings and Works on Paper, Galleria Lawrence Rubin, Mailand, Italien | Italy.

1999

Szenenwechsel XVI, Museum für Moderne Kunst, Frankfurt, Deutschland | Germany.
Eric Fischl, Unique Works, Mary Ryan Gallery, New York, U.S.A.
Mario Diacono Gallery, Boston, Massachusetts, U.S.A.
Galerie Daniel Templon, Paris, Frankreich | France.
Mary Boone Gallery, New York, U.S.A.

2000

Eric Fischl, The Bed, the Chair… New Painting, Gagosian Gallery, London, England.
Mary Boone Gallery, New York, U.S.A.

2001

Eric Fischl, Works on Paper, Jablonka Gallerie, Köln, Deutschland | Germany.
Eric Fischl, Watercolors, Baldwin Gallery, Aspen, Colorado, U.S.A.

2002

Eric Fischl, St-Tropez Photographs 1982–1988, Mary Ryan Gallery, New York, U.S.A.

2003

Eric Fischl, Krefeld Project. Studies, Mary Boone Gallery, New York, U.S.A.
Eröffnungsausstellung, Kunsthalle Mannheim, Mannheim, Deutschland | Germany.
Mary Boone Gallery, New York, U.S.A.

2004

Eric Fischl, Paintings, Fondazione Cassa Di Risparmio in Bolohna, Bologna, Italien | Italy.
Eric Fischl, The Krefeld Project, Museum Haus Esters, Krefeld, Deutschland | Germany.
The Drawing and Sculptures of Eric Fischl, a Post-Modern Prometheus, McLaren Art Center, Barrie, Canada.
Eric Fischl, Paintings and Drawings 1979–2001, Kunstmuseum Wolfsburg, Deutschland | Germany.

2005

Eric Fischl, Sculpture and Watercolor, Jablonka Gallerie, Art Basel Miami, Miami, U.S.A.
Mary Boone Gallery, New York, U.S.A.
Eric Fischl, New Painting, Jablonka Gallerie, Köln, Deutschland | Germany

2006

Eric Fischl, Sculpture and Watercolor, Yoshii Gallery, New York, U.S.A.
Delaware Center For the Contemporary Arts, Wilmington, Delaware, U.S.A.
Eric Fischl, Masterworks from the Early Eighties, Thomas Ammann Fine Art AG, Zürich, Schweiz | Switzerland.

2007

Eric Fischl, Ten Breaths, kestnergesellschaft, Hannover, Deutschland | Germany.

1975

The Canadian Canvas, Time Kanada | Canada Limited, Toronto, Canada.

1976

Seventeen Artists: A Protean View, Vancouver Art Gallery, Vancouver, Canada.

1978

Neun Kanadische Künstler, Kunsthalle Basel, Basel, Schweiz | Switzerland.
Edward Thorp Gallery, New York.
Coasts, the Sea and Canadian Art, The Gallery Stratford, Stratford, Canada.

1979

Edward Thorp Gallery, New York.
The Great Big Drawing Show, P.S. 1, Long Island City, NY.

1981

New York: Visiting Artists, Museum of Art, Rhode Island School of Design, Providence, Rhode Island.
Summer Pleasures, Barbara Gladstone Gallery, New York.
Edward Thorp Gallery, New York.
Alumni Exhibition, California Institute of the Arts, Valencia, California.
The Reality of Perception, Robeson Center Gallery, Rutgers University, Newark, New Jersey.
Edward Thorp Gallery, New York.
Real Life Magazine, Nigel Greenwood Gallery, London, England.
Art for Your Collection, Museum of Art, Rhode Island School of Design, Providence, Rhode Island.
Large Format Drawings, Barbara Toll Fine Arts, New York.

1982

Narrative Settings, Josef Gallery, New York.
Critical Perspectives, P.S. 1, Long Island City, NY.
By the Sea, Barbara Toll Fine Arts, New York.
Focus on the Figure: Twenty Years, Whitney Museum of American Art, New York.
The Expressionist Image: From Pollock to Today, Sidney Janis Gallery, New York.
Edward Thorp Gallery, New York.
Figures of Mystery, The Queens Museum, Queens, NY.
Milwaukee Art Museum, Milwaukee, Wisconsin.
Drawing: An Exploration of Line, The Maryland Institute, College of Art Galleries, Baltimore, Maryland.
New New York, Florida State University, Tallahassee, Florida.

Reallegory, The Chrysler Museum, Norfolk, Virginia.
1983 Biennial Exhibition, Whitney Museum of American Art, New York.
Group Drawing Exhibition, Daniel Weinberg Gallery, Los Angeles, California.
Self Portraits, Linda Farris Gallery, Seattle, Washington.
Mary Boone and Her Artists, Seibu Museum, Tokyo, Japan.
New York Now, Kunstverein für die Rheinlande und Westfalen, Düsseldorf, Deutschland | Germany.
Paintings, Mary Boone Gallery, New York.
Small Works, Bonnier Gallery, New York.
Back to the U.S.A., Kunstmuseum Luzern, Luzern, Schweiz | Switzerland.
Tendencias a Nueva York, Crystal Palace, Madrid, Spanien | Spain.
American Still Life, Contemporary Arts Museum, Houston, Texas.
Art Itinera 83: Continuing Interest in Painting, Castiglioncello-Castello Paquini, Italien | Italy.
Faces Since the Fifties, Center Gallery, Bucknell University, Lewisburg, Pennsylvania.
The Painterly Figure, Parrish Art Museum, Southampton, NY.
New York Painting Today, Two PPG Place, Pittsburgh, Pennsylvania.

Modern Expressionists, Sidney Janis Gallery, New York.
American Neo-Expressionists, The Aldrich Museum of Contemporary Art, Ridgefield, Connecticut.
New Painting, The Krannert Art Museum, Champaign, Illinois.
Painting and Sculpture Today, Indianapolis Museum of Art, Indianapolis, Indiana.
Via New York, Musee dArt Contemporain, Montreal, Canada.
An International Survey of Contemporary Painting and Sculpture, The Museum of Modern Art, New York.
La Biennale di Venezia, Venice, Italien | Italy.
Drawings, Mary Boone Gallery, New York.
The Human Condition: SFMMA Biennial III, San Francisco Museum of Modern Art, San Francisco, California.
Aspekte Amerikanischer Kunst der Gegenwart, Neue Galerie Sammlung Ludwig, Aachen, Deutschland | Germany.
Drawings After Photography, Allen Memorial Art Museum, Oberlin College, Oberlin, Ohio.
Large Drawings, Allen Memorial Art Museum, Oberlin College, Oberlin, Ohio.
Content, The Hirshhorn Museum, Washington, DC.
New American Painting: A Tribute to James and Mari Michener,
Archer M. Huntington Art Gallery, College of Fine Arts, University of Texas, Austin, Texas.
The Seventh Dalhousie Drawing Exhibition, Dalhousie Art Gallery, Halifax, Canada.
Tendencias en Nueva York, Palacio de Velasquez, Parque del Retiro, Madrid, Spanien | Spain.
American Art Since 1970, Whitney Museum of American Art, New York.

Sable-Castelli Gallery, Toronto, Canada.
1985 Biennial Exhibition, Whitney Museum of American Art, New York.
XIII Biennale de Paris, Paris, Frankreich | France.
New Art 85, ARCA, Marseille, Frankreich | France.
Daniel Weinberg Gallery, Los Angeles, California.
Carnegie International, Museum of Art, Carnegie Institute, Pittsburgh, Pennsylvania.

An American Renaissance, Painting and Sculpture Since 1940, Museum of Art, Fort Lauderdale, Florida.
Biennial of Sydney, Sydney, Australien | Australia.
Collection of Douglas S. Cramer, Cincinnati Art Museum, Cincinnati, Ohio.
Europa/Amerika, Museum Ludwig, Köln, Deutschland | Germany.
Individuals: A Selected History of Contemporary Art, 1945–1986, Museum of Contemporary Art, Los Angeles, California.
Still Life/Life Still, Michael Kohn Gallery, Los Angeles, California.
The Success of Failure, Independent Curators Incorporated, New York.

1987

State of the Art, Institute of Contemporary Arts, London, England.
Past/Imperfect: Eric Fischl, Vernon Fisher, Laurie Simmons, Walker Art Center, Minneapolis, Minnesota.
Avant-Garde in the Eighties, Los Angeles County Museum of Art, Los Angeles, California.
The Viewer as Voyeur, Whitney Museum of American Art at Philip Morris, New York.
Documenta 8, Museum Fridericianum, Kassel, Deutschland | Germany.
Cal Arts: Skeptical Belief(s), The Renaissance Society,University of Chicago, Chicago, Illinois.

1988

Cal Arts: Skeptical Belief(s), Newport Harbor Art Museum, Newport Beach, California.
Contemporary American Art, The Sara Hilden Art Museum, Tampere, Finnland | Finland.
Drawing on the East End, 1940–1988, Parrish Art Museum, Southampton, NY.
Contemporary American Art, Kunstnernes Hus, Oslo, Norwegen | Norway.

1988

The World of Art Today, Milwaukee Art Museum, Milwaukee, Wisconsin.

Figure as Subject: The Revival of Figuration Since 1975, Whitney Museum of American Art, New York.
Weitere Stationen | Traveled to:
Erwing A. Ulrich Museum of Art, Wichita State University, Wichita, Kansas.
Arkansas Arts Center, Little Rock, Arkansas.
Amarillo Art Center, Amarillo, Texas.
Utah, Museum of Fine Arts, University of Utah, Salt Lake City, Utah.

Master Workshop Exhibition, Long Island University, Southampton, NY.
Eighty/Twenty, Art Gallery of Nova Scotia, Halifax, Canada.

Eighty/Twenty, Kitchener-Waterloo Art Gallery, Kitchener, Canada.
Weitere Station | Traveled to:
Art Gallery of Windsor, Windsor, Canada.

Figure as Subject: The Revival of Figuration Since 1975, Madison Art Center, Madison, Wisconsin.
Nocturnal Visions in Contemporary Painting, Whitney Museum of American Art at Equitable Center, New York.
Bilderstreit, Rheinhalle, Köln, Deutschland | Germany.
Viennese divan: Sigmund Freud nowadays, Museum of the 20th Century, Vienna, Österreich | Austria.
Suburban Home Life: Tracking the American Dream, Whitney Museum of American Art Downtown at Federal Reserve Plaza, New York.

1990

Eighty/Twenty, Edmonton Art Gallery, Edmonton, Canada.
Drawing Highlights, Parrish Art Museum, Southampton, NY.

1990

The Last Decade: American Artists of the 80s, Tony Shafrazi Gallery, New York.
The Decade Show, The Museum of Contemporary Hispanic Art/The New Museum of Contemporary Art/The Studio Museum in Harlem, New York.
Affinities and Intuitions: The Gerald S. Elliott Collection of Contemporary Art, The Art Institute of Chicago, Chicago, Illinois.
The Unique Print: 70s into 90s, Museum of Fine Arts, Boston, Massachusetts.

1991

Setting the Stage: Contemporary Artists Design for the Performing Arts, The Columbus Museum of Art, Columbus, Ohio.
Interactions, Institute of Contemporary Art, Philadelphia, Pennsylvania.
Mito y Magia en America: Los Ochenta, Museo de arte contemporaneo de Monterrey, Monterrey, Mexico.
1991 Biennial Exhibition, Whitney Museum of American Art, New York.
Sieben amerikanische Maler, Bayerische Staatsgemäldesammlungen, München, Deutschland | Germany.
Forbidden Games, Jack Tilton Gallery, New York.
Master Drawings: 1520–1990, Janie C. Lee Master Drawings at 65 Thompson Street, New York.
Anni 80: Artisti a New York, Palazzo delle Albere, Museo Provinciale dArte Sezione Contemporanea, Trento, Italien | Italy.
Domenicos Theotocopoulos: A Dialogue, Philippe Briet Gallery, New York.
Devil on the Stairs: Looking Back on the Eighties, Institute of Contemporary Art, Philadelphia, Pennsylvania.
American Realism & Figurative Art: 1952–1990, The Miyagoi Museum of Art, Miyagoi, Japan.

1992

American Realism & Figurative Art: 1952–1990, Sogo Museum of Art, Yokohama, Japan.
American Realism & Figurative Art: 1952–1990, Tokushima Modern Art Museum, Tokushima, Japan.
American Realism & Figurative Art: 1952–1990, Museum of Modern Art, Shiga, Japan.

1993

Strange Hotel: Aarhus Kunstmuseum, Aarhus, Dänemark | Denmark.

L'Orangerie du Jardin du Luxembourg, Paris. „23 Artistes pour Médecins du Monde"
Weitere Stationen | Traveled to:
Galerie Enrico Navarra, Paris, Galerie Enrico Navarra, New York; Galerie Enrico Navarra, Tokyo; Harcourts Gallery, San Francisco; Acpy la Métaierie, Bryere, Parly, Frankreich | France; Molinar Gallery, Scottsdale, Arizona; Jan Abrams Gallery, Los Angeles, Foundation Ebel, Villa Turque la Chaux-de-Fonds, Schweiz | Switzerland.

The PaineWebber Art Collection: Detroit Institute of Arts, Detroit, Michigan
Weitere Stationen | Traveled to:
Museum of Fine Arts, Boston, Boston, MA; Minneapolis Institute of Arts, Minneapolis, MN; San Diego Museum of Art, San Diego, CA; Center for the Fine Arts, Miami, FL.

L'Effet Cinéma: Musée d'art Contemporain de Montréal, Montreal, Canada.

Annual Exhibition1996: American Academy in Rome, Italien | Italy.
NowHere: Louisiana Museum of Modern Art, Humlebaek, Dänemark | Denmark.
The Robert and Jane Meyerhoff Collection: National Gallery of Art, Washington.

Views from Abroad: European Perspectives on American Art 3:
The Whitney Museum of American Art, New York.
Singular Impressions: The Monotype in America: National Museum of American Art, Smithsonian Institution, Washington, D.C.
Feminine Image: Nassau County Museum of Art, Roslyn Harbor, NY.
Myths and Magical Fantasies: California Center for the Arts Museum, Escondido, CA.

Ideal and Reality; The image of the Body in 20th-Century Art From Bonnard to Warhol: The Salzburg Museum of Modern and Contemporary Art, Rupertinum, Salzburg.
The 80's: Culturgest, Lisbon, Spanien | Spain.
The Centennial Open: The Parrish Art Museum, Southampton, NY.
Five Artists/The Body/The Figure: Carpenter Center for the Visual Arts, Harvard University, Cambridge, MA.

20 Years/20 Artists: Aspen Art Museum, Aspen, CO.

Figuration-Outsider or a New Trend?: Blickle Foundation, Kraichtal, Deutschland | Germany.
Weitere Stationen | Traveled to:
Rupertinum, Salzburg, Österreich | Austria; Museion Bolzano, Bolzano, Italien | Italy.
Change of Scene XVI: Museum für Moderne Kunst, Frankfurt. Deutschland | Germany.
Decades in Dialogue: Perspectives on the MCA Collection; Museum of Contemporary Art, Chicago. IL.
Cleveland Collects Contemporary Art: The Cleveland Museum of Art, Cleveland, OH.

Works on Paper 2000: Residence of the American Ambassador, Slowakei | Slovak Republic.
Maquettes, Models & Muses: Winston-Wächter Mayer Fine Art, New York.
Drawings 2000: Barbara Gladstone Gallery, New York.
A Plurality of Truths: Schick Art Gallery, Skidmore College, Saratoga Springs, NY.
Change of Scene XVII: Museum für Moderne Kunst, Frankfurt, Deutschland | Germany.

Modernism & Abstraction-Treasures from the Smithsonian American Art Museum: The Art Museum at
Florida International University, Miami, FL.
Weitere Stationen | Traveling to:
Colby College Museum of Art, Waterville, ME; Memorial Art Gallery of the University of Rochester,
Rochester, NY; Allentown Art Museum, Allentown, PA; First Center for the Visual Arts, Nashville, TN;
Worcester Art Museum, Worcester, MA; National Academy Museum, New York; Des Moines Art Center,
Des Moines, IA; Oakland Museum of California, Oakland, CA.

Dreams 1900–2000-Science, Art, and the Unconscious Mind: The Equitable Gallery, New York.
Weitere Stationen | Traveled to:
Historisches Museum der Stadt Wien, Vienna, Österreich | Austria; Binghamton University Art Museum,
Binghamton, NY; Passage de Retz, Paris, Frankreich | France.
David Salle, Frankreich | Francesco Clemente and Eric Fischl: Gagosian Gallery, New York

The American Century/ Art and Culture, 1900–2000, Part II: The Whitney Museum of American Art,
New York.

Vancouver Collects: Between Passion and Logic: Vancouver Art Gallery, Vancouver, Canada.
Naked Since 1950: C & M Arts, New York.
Collaborations with Parkett 1984 to Now: The Museum of Modern Art, New York.
Mythic Proportions Painting in the 1980s: Museum of Contemporary Art, Miami, FL.

Hypermental. Rampant Reality 1950–2000 From Salvador Dali to Jeff Koons: Kunsthaus Zürich.
Weitere Station | Traveling to:
Hamburger Kunsthalle, Hamburg. Deutschland | Germany

MAN-Body in Art from 1950 – 2000: Arken Museum of Modern Art, Ishøj, Dänemark | Denmark.

American Standard: Normality and Everyday Life: Barbara Gladstone Gallery, New York.
The Wall of Time Part I: The Palazzo Strozzi, Florence, Italien | Italy.
The Passions: From Brueghel to Viola: James Cohen Gallery, New York.

33 Women: Thomas Ammann Fine Art, Zurich, Schweiz | Switzerland.

Face to Face: 200 Years of Figurative Art on L.I.: The Long Island Museum, Stonybrooke. NY.

The Burbs: DFN Gallery, New York.

Der Akt in der Kunst des 20. Jahrhunderts: Kunsthalle in Emden, Deutschland | Germany.

Innocence and Insight: Claire Oliver Fine Art, New York.

Northfork/Southfork: The Parrish Art Museum, Southampton, NY.

Academy of the Arts, Guild Hall Museum, East Hampton, NY.

Recenti Acquisizioni: Fondazione Cassa Di Risparmio, Galleria Nazionale, Bologna.

14th Quadriennale: Galleria Nazionale d'Arte Moderna, Rome.

Potentially Harmful: The Art of American Censorship: Georgia State University Welch School of Art and Design, Atlanta, Georgia.

The Divine Body: LeRoy Neiman Gallery, New York.

Along the Way, MTA Arts for Transit: The UBS Art Gallery and MTA Arts for Transit, New York.

Male Desire Two: Mary Ryan Gallery, New York.

Every Picture Tells a Story (The Narrative Impulse in Modern and Contemporary Art), New York.

Works on Paper: Danese Gallery, New York.

Salon 2006: New York Academy of Art, New York.

American Academy of Arts and Letters, New York. „Exhibition of Works by Newly Elected Members and Recipients of Honors and Awards

Kunsthalle der Hypo-Kulturstiftung

Museum Franz Gertsch, Burgdorf „Zurück Zur Figur, Malerei der Gegenwart"

Nagasaki Prefectural Museum (Nagasaki, Japan); Fuchu City Museum of Art

21st Century Museum of Contemporary Art (Kanazawa, Japan)

Kita-Kyushu Municipal Museum of Art

Koriyama City Museum

„Picturing America; Selections from the Whitney Museum of American Art,"

Museum of Fine Arts, Houston, Texas. „Singular Multiples: The Peter Blum Edition Archive, 1980–1994"

Geoffrey Young Gallery, MA. „Likeness"

„Not For Sale", PS1, New York

Bücher und Kataloge | Books and Catalogs
Zusammengestellt von | Compiled by Michael Petter

Einzelausstellungen | Solo Exhibitions

Arthur C. Danto, Eric Fischl then and Now, Thomas Ammann Fine Art, 2006

Eric Fischl, It's Where I Look … It's How I See … Their World, My World, The World, Kat., Jablonka Galerie, Köln, 2005

Martin Hentschel (Hrsg.), Eric Fischl: The Krefeld-Project, Kerber Verlag, 2004

Eric Fischl, Gemälde und Zeichnungen 1979–2001, Kunstmuseum Wolfsburg, Hatje Cantz Verlag, 2003

Jörg S. Garbrecht, Considering Eric Fischl, Diss. Oxford 2002

Kay Heymer (Hrsg.), Eric Fischl: The Bed, The Chair … Paintings and Works on Paper, Kat. Jablonka Galerie, Köln, 2002

Arthur C. Danto, Robert Enright, Steve Martin, Eric Fischl 1970–2000, New York, 2000

Ealan Wingate (Hrsg.), Eric Fischl: The Bed, The Chair … NewPaintings, Kat. Gagosian Gallery, London, 2000

Eric Fischl, Inediti su tela e carta, Kat. Galleria Lawrence Rubin, Mailand, 1998

Eric Fischl, The Travel of Romance, Kat. Mary Boone Gallery, New York, 1994

Eric Fischl, Kat. Galeria Soledad Lorenzo, Madrid, 1993

Eric Fischl, A Cinematic View, Kat. Guild Hall Museum, East Hampton, NY, 1991

Jens Erik Sørensen (Hrsg.), Eric Fischl, Kat. Aarhus Kunstmuseum; Louisiana Museum for Moderne Kunst, Humlebæk, 1991

Eric Fischl: 17 November to 22 December, 1990, Kat. Mary Boone Gallery, New York, 1990

Erika Billeter (Hrsg.), Eric Fischl: Bilder und Zeichnungen/Peintures et dessins, Kat. Akademie der Bildenden Künste, Wien; Musée Cantonal des Beaux-Arts, Lausanne, 1990

Scenes and Sequences: Recent Monotypes by Eric Fischl, Kat. Hood Museum of Art, Dartmouth College, Hanover, NH, 1990

Jamaica Kincaid, Eric Fischl, Annie, Gwen, Lilly, Pam and Tulip, New York, 1989

Eric Fischl, Kat. Waddington Galleries, London, 1989

Eric Fischl, Bilder und Zeichnungen, Kat. Galerie Michael Werner, Köln, 1988

Eric Fischl. 14 May to 25 June, 1988, Kat. Mary Boone Gallery, New York, 1988

Eric Fischl, Jerry Saltz, Sketchbook with Voices, New York, 1988

Peter Schjeldahl, David Whitney (Hrsg.), Eric Fischl, New York, 1988

Donald Kuspit, Fischl [an Interview With Eric Fischl], New York, 1987

Lucinda Barnes, Jane K. Bledsoe, Constance W. Glenn (Hrsg.), Eric Fischl: Scenes Before the Eye.
The Evolution of Year of the Drowned Dog and Floating Islands, Kat. University Art Museum,
California State University, Long Beach, CA, 1986

Eric Fischl Paintings, Kat. Mendel Art Gallery, Saskatoon, 1985

Eric Fischl, Kat. Mary Boone/ Michael Werner Gallery, New York, 1984

Eric Fischl, Dessins, Kat. Centre Saidye Bronfman, Montreal, 1983

Eric Fischl, Paintings, Kat. Sir George Williams Art Galleries, Concordia University,
Montreal, 1983

Eric Fischl, Paintings and Drawings, Kat. Emily Davis Gallery, University of Akron,
Akron, OH, 1980

Bridge Shield Shelter, Kat. Dalhousie Art Gallery, Halifax, 1975

Gruppenausstellungen | Group Exhibitions

Pictura Magistra Vitae: I nuovi simboli della pittura contemporanea | The New Symbols
of Contemporary Painting, Kat. Fondazione Cassa di Risparmio, Bologna, 2003

Achim Sommer, Nils Ohlsen (Hrsg.), Der Akt in der Kunst des 20.Jahrhunderts,
Kat. Kunsthalle Emden, 2002

Jasper Johns to Jeff Koons: Four Decades of Art from the Broad Collections, Kat. Los Angeles County
Museum of Art, Los Angeles; Corcoran Gallery of Art, Washington DC; Museum of Fine Arts, Boston,
MA; Guggenheim Bilbao, 2001

Hypermental: Wahnhafte Wirklichkeit 1950–2000. Von Salvador Dall bis Jeff Koons,
Kat. Kunsthaus Zürich; Hamburger Kunsthalle, 2000

Robert Storr, Modern Art Despite Modernism, Kat. The Museum of Modern Art, New York, 2000
Kirk Varnedoe, Paola Antonelli, Joshua Siegel (Hrsg.), Modern Contemporary Art

at MoMA since 1980, Kat. The Museum of Modern Art, New York, 2000

Barbara Haskell, The American Century: Art & Culture 1900–2000,
Kat. Whitney Museum of American Art, New York, 1999

Figuration, Kat. Ursula Blickle Stiftung, Kraichtal; Museion Museum für moderne Kunst, Bozen;
Rupertinum Museum fiir moderne und zeitgenössische Kunst, Salzburg, 1999

Ideal and Reality: The Image of the Body in 20th-century Art. From Bonnard to Warhol. Works on Paper,
Kat. Rupertinum Museum fiir moderne und zeitgenössische Kunst, Salzburg, 1998

Cleveland Collects Contemporary Art, Kat. The Cleveland Museum of Art, Cleveland, OH, 1998

Anos 80/The Eighties, Kat. Cultur-gest, Lissabon, 1998

Modern Collection from the Ho-Am Art Museum, Kat. Ho-Am Art Museum, Yongin, 1998

Virginia Anne Bonito, Get Real: Contemporary American Realism from the Sea vest Collection,
Kat. Duke University Museum of Art, Durham, North Carolina, 1997

Singular Impressions: the Monotype in America, Kat. National Museum of American Art,
Smithsonian Institution, Washington DC, 1997

Feminine Image, Kat. Nassau County Museum of Art, Roslyn Harbor, NY, 1997

Jean-Christophe Ammann, Adam D. Weinberg, Views from Abroad: European Perspectives on American
Art 2/ Die Entdeckung des anderen: ein europaischer Blick auf die amerikanische Kunst 2, Kat. Museum
für Moderne Kunst, Frankfurt am Main; Whitney Museum of American Art, New York, 1996

David Frankel (Hrsg.), Thinking Print: Books to Billboards, 1980–95,
Kat. The Museum of Modern Art, New York, 1996

The Robert and Jane Meyerhoff Collection, Kat. National Gallery of Art, Washington DC, 1996

Peter Noever (Hrsg.), Silent & Violent: ausgewählte Künstlereditionen,
Kat. MAK Center for Art and Architecture, Los Angeles, 1995

The PaineWebber Art Collection, New York, 1995

Four Friends: Eric Fischl, Ralph Gibson, April Gornik, Bryan Hunt, Kat. The Murray
and Isabella Rayburn Foundation, New York; The John and Mable Ringling Museum of Art,
Sarasota, FL; Oklahoma City Art Museum, Oklahoma City, OK, 1993

Jens Erik Sørensen (Hrsg.), Strange Hotel: International Art, Kat. Aarhus Kunstmuseum, 1993
Carla Schulz-Hoffmann (Hrsg.), Sieben amerikanische Maler, Kat. Bayerische
Staatsgemäldesammlungen, Staatsgalerie Moderner Kunst, München, 1991

American Realism and Figurative Art: 1952–1990, Kat. The Miyagi Museum of Art, Sendai, Miyagi, 1991

Robert Storr, Devil on the Stairs: Looking Back on the Eighties, Kat. Institute of Contemporary Art, Philadelphia, PA; Newport Harbor Art Museum, Newport Beach, CA, 1991

Siegfried Gohr, Johannes Gachnang (Hrsg.), Bilderstreit: Widerspruch, Einheit und Fragment in der Kunst seit 1960, Kat. Museum Ludwig, Köln, 1989

Suburban Home Life: Tracking the American Dream, Kat. Whitney Museum of American Art at Philip Morris, New York, 1989

Eighty/Twenty, Kat. Art Gallery of Nova Scotia, Halifax, 1988

Figure as Subject: the Revival of Figuration Since 1975, Kat. Whitney Museum of American Art, New York, 1988

Contemporary American Art, Sara Hildén Art Museum, Tampere, 1988

Past/Imperfect: Eric Fischl, Vernon Fisher, Laurie Simmons, Kat. Walker Art Center, Minneapolis, MN, 1987

Documenta 8, Kat. Museum Fridericianum, Kassel, 1987

The Viewer as Voyeur, Kat. Whitney Museum of American Art at Philip Morris, New York, 1987

Avant-Garde in the Eighties, Kat. Los Angeles County Museum of Art, Los Angeles, 1987

Morality Tales: History Painting in the 1980s, Kat. Independent Curators Incorporated, New York, 1987

An American Renaissance: Painting and Sculpture Since 1940, Kat. Museum of Art, Fort Lauderdale, FL, 1986

Nine Printmakers and the Working Process, Kat. Whitney Museum of American Art, New York, 1985

Carnegie International, Kat. Carnegie Institute of Modern Art, Pittsburgh, PA, 1985

Art of Our Time: the Saatchi Collection 4, London, 1984

Aspekte amerikanischer Kunst der Gegenwart, Kat. Neue Galerie, Sammlung Ludwig, Aachen; Nordjyllands Kunstmuseum, Aalborg; Henie-Onstad Art Center, Høvikodden; Mittelrheinisches Landesmuseum, Mainz; Städtische Galerie Schloss Oberhausen, 1984

Szene New York: Sonderschau Art Cologne Internationaler Kunstmarkt, 15.–21. November 1984, Kat. Art Cologne, Köln, 1984

Tendencias en Nueva York: Obra Gráfica, Kat. Palacio de Velazquez, Madrid, 1984

Content, Kat. Hirshhorn Museum and Sculpture Garden, Washington DC, 1984

Paradise Lost/Paradise Regained: American Visions of the New Decade, Kat. Biennale Venedig, 1984

American Neo-Expressionists, Kat. Aldrich Museum of Contemporary Art, Ridgefield, CT, 1984

An International Survey of Recent Painting and Sculpture, Kat. The Museum of Modern Art, New York, 1984

Via New York, Kat. Musée d'Art Contemporain, Montreal, 1984

Visions of Childhood: a Contemporary Iconography, Kat. Whitney Museum of American Art at Philip Morris, New York, 1984

The Painterly Figure, Kat. Parrish Art Museum, Southampton, NY, 1983

New York Painting Today, Kat. Three Rivers Arts Festival, Pittsburgh, PA, 1983

Back to the USA, Kat. Kunstmuseum Luzern, 1983

1983 Biennial Exhibition, Kat. Whitney Museum of American Art, New York, 1983

Aspects of Canadian Painting in the Seventies, Kat. Glenbow Museum, Calgary, 1980

Ian Carr-Harris, Robin Collyer, Greg Curnoe, Paterson Ewen, Eric Fischl, General Idea, N. E. Thing Co. Ltd., Vincent Tangredi, Shirley Wiitasalo, Kat. Kunsthalle Basel, 1978

Tumbling Woman II
2007

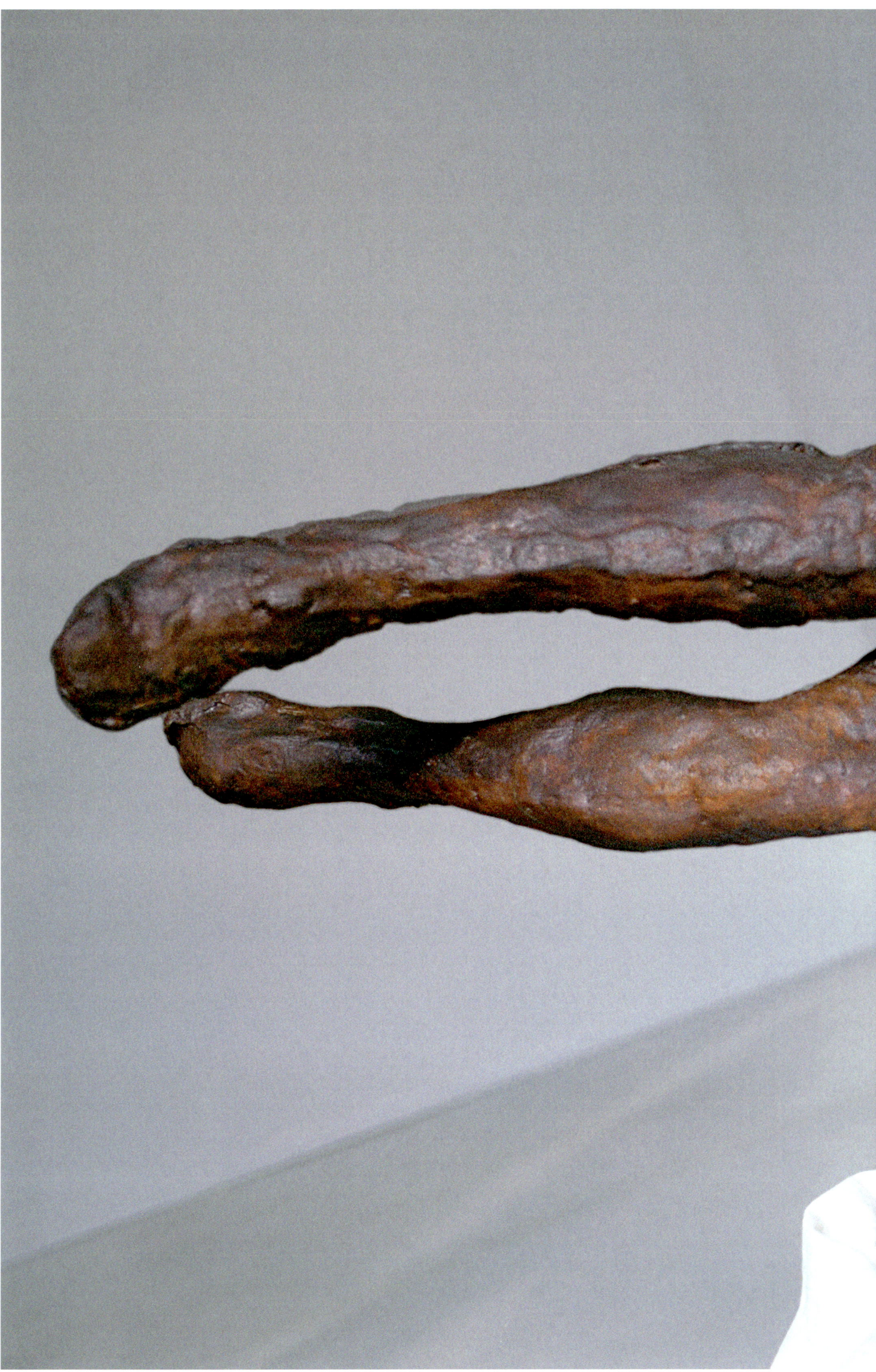

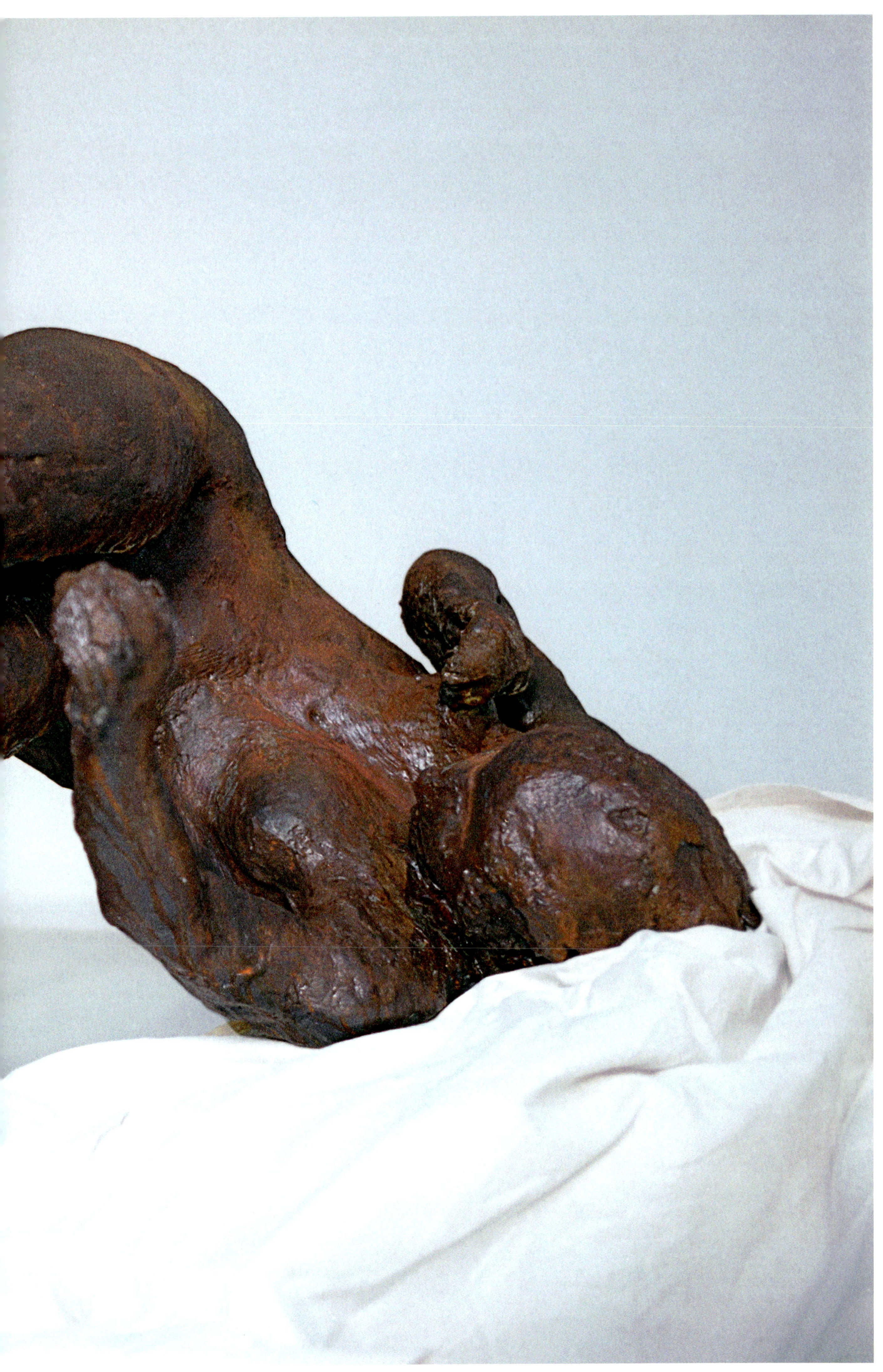

Werkverzeichnis der Skulpturen von Eric Fischl (1975 – 2007)

Catalog of Sculptural Works by Eric Fischl (1975 – 2007)

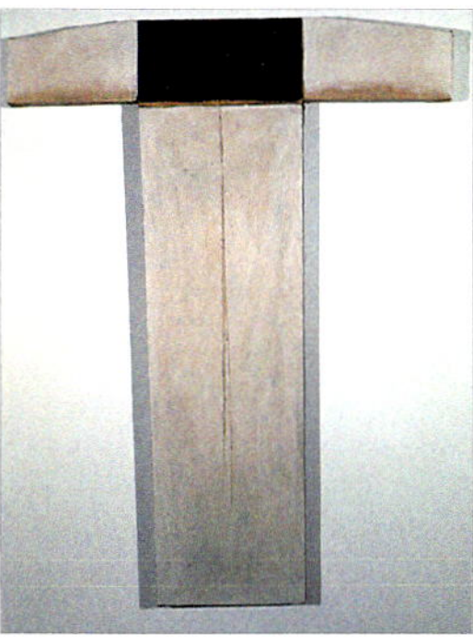

Ohne Titel (Junger Ochse) | Untitled (Steer)
1975
Ölfarbe und Wachs auf Leinwand | Oil and wax on canvas
82 x 64,7 cm | 32.25 x 25.5 inches
Sammlung | Collection: Eric Fischl

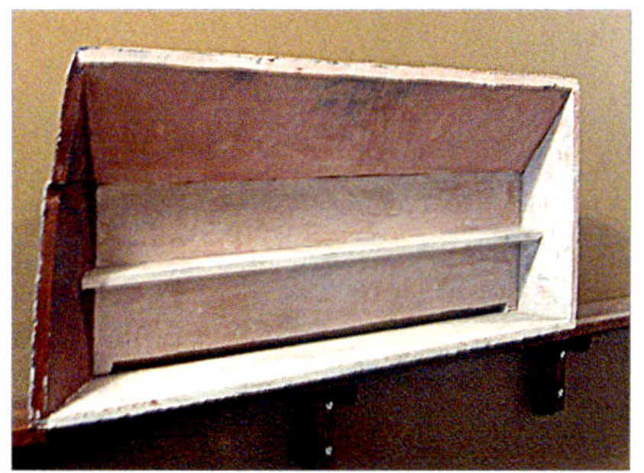

Nächtliches Haus Schweinestall | Night house pig sty
Nächtliches Haus Schweinestall | Night House Pig Sty
1975
Ölfarbe und Wachs auf Sperrholz | Oil and wax on plywood
35 x 80 x 11,4 cm | 14 x 31.5 x 4,5 inches
Sammlung | Collection: Eric Fischl

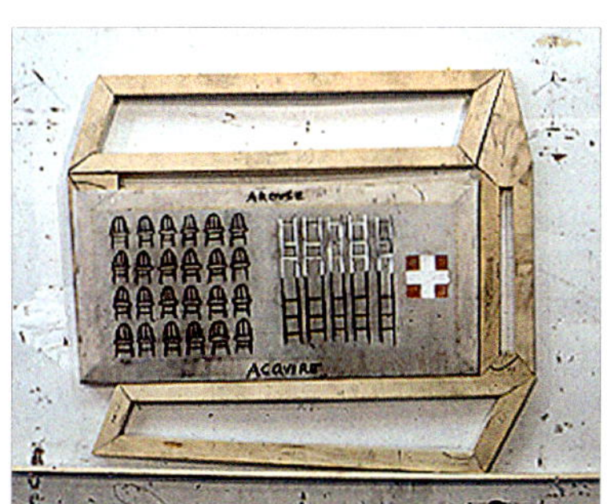

Kirche | Church
1975
Buntstift, Ölfarbe, Papier und Holz | Crayon, oil, paper and wood
58.4 x 71 cm | 23 x 28 inches
Zerstört | Destroyed

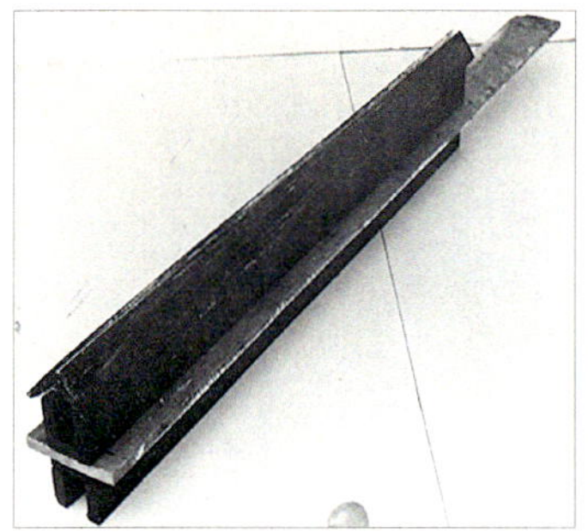

Verdeckte Brücke | Covered Bridge
1975
Ölfarbe und Wachs auf Holz | Oil and wax on wood
27,3 x 247,6 x 7,5 cm | 10.75 x 97.5 x 11,4 inches
Zerstört | Destroyed

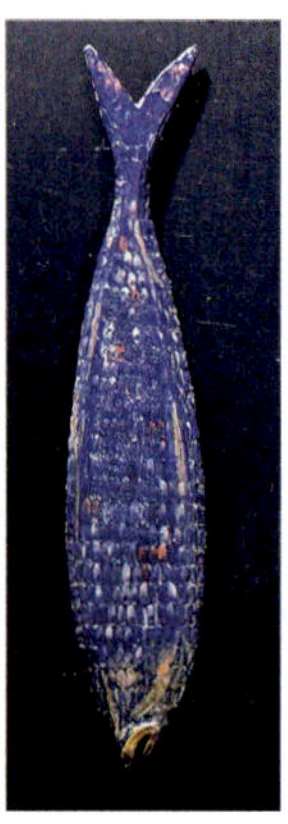

1976
Ölfarbe und Wachs auf Sperrholz | Oil and wax on plywood
94 x 19,5 cm | 37 x 7.5 inches
Sammlung | Collection: National Gallery of Canada

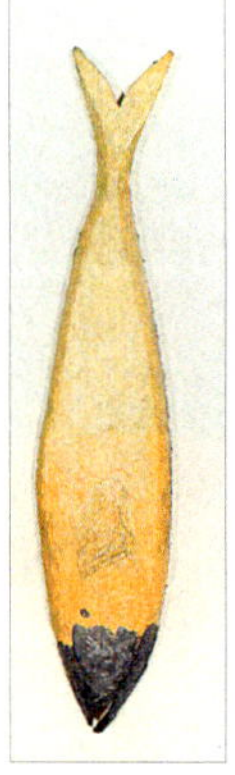

1976
Ölfarbe und Wachs auf Sperrholz | Oil and wax on plywood
91 x 19,5 cm | 35.7 x 7.5 inches
Sammlung | Collection: National Gallery of Canada

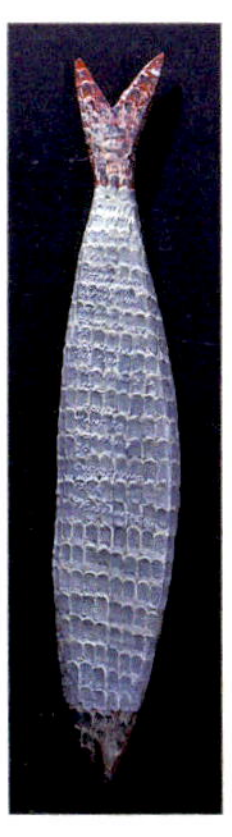

1976
Ölfarbe und Wachs auf Sperrholz | Oil and wax on plywood
90,8 x 15, 9 cm | 35.75x 6.25inches
1976
Sammlung | Collection: National Gallery of Canada

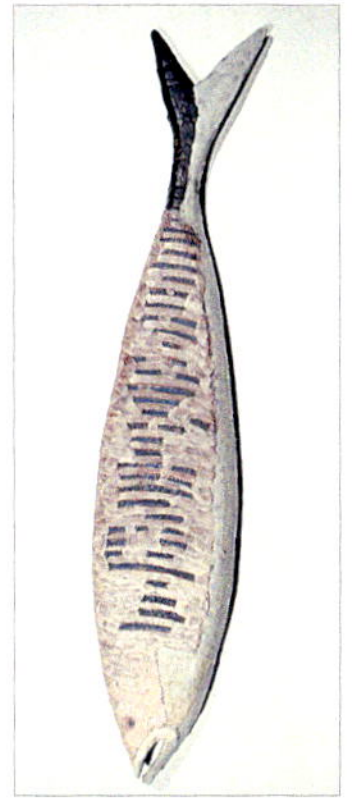

1976
Ölfarbe, Wachs auf Holz | Oil, wax on wood
20,3 x 88,9 cm | 8 x 35 inches
Sammlung | Collection: Standort nicht bekannt | Missing Piece

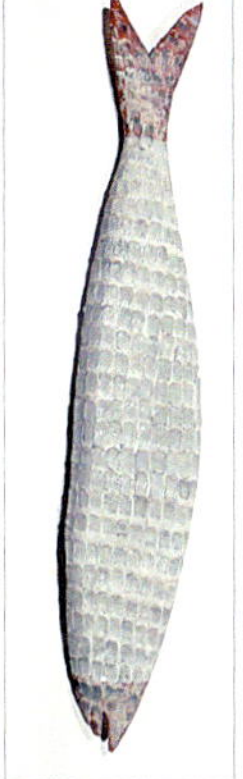

1976
Ölfarbe, Wachs auf Holz | Oil, wax on wood
Unbekannt | not known
Sammlung | Collection: Standort nicht bekannt | Missing Piece

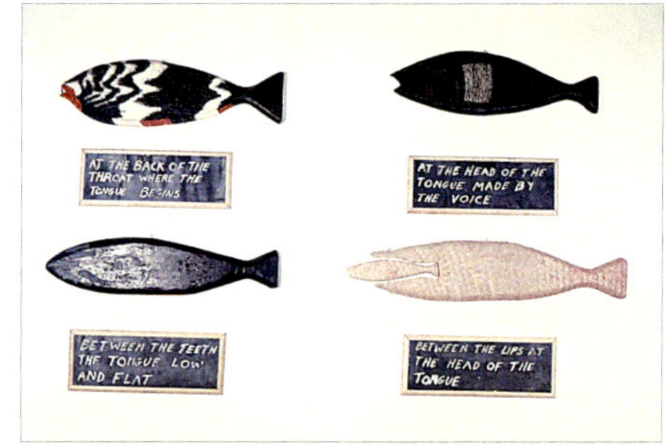

**Auf der Hinterseite des Rachens wo die Zunge beginnt |
At the Back of the Throat where the Tongue Begins**
1976
Ölfarbe und Wachs auf Sperrholz | Oil and wax on plywood
17,8 x 71,1 cm | 7 x 28 inches
1978
Sammlung | Collection: National Gallery of Canada

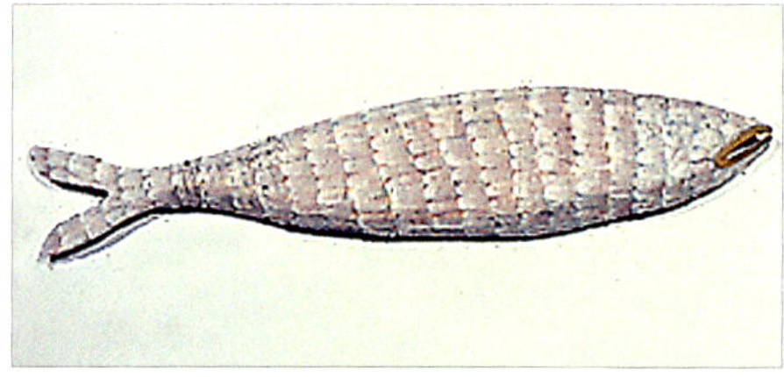

Fisch | Fish
1976
Ölfarbe und Wachs auf Holz | Oil and wax on wood
7,6 x 89 cm | 3 x 35 inches
Sammlung | Collection: Standort nicht bekannt | Missing Piece

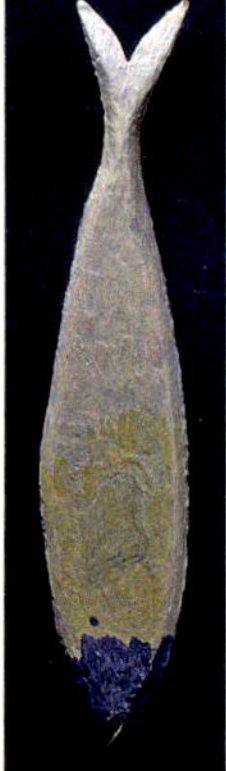

Fisch [mit Klavier] | Fish [with piano]
1976
Ölfarbe und Wachs auf Holz | Oil and wax on wood
20,3 x 88,9 cm | 8 x 35 inches
Sammlung | Collection: National Gallery of Canada, 2007

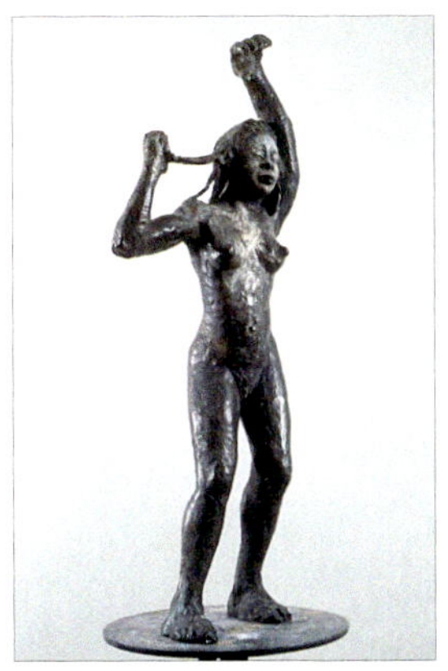

Bronze, Auflage 5, 1AP | Bronze, Edition of 5, 1 AP
1988
104 x 43,2 x 20,3 cm | 41 x 17 x 8 inches
Mehrere Sammlungen | Multiple Collections

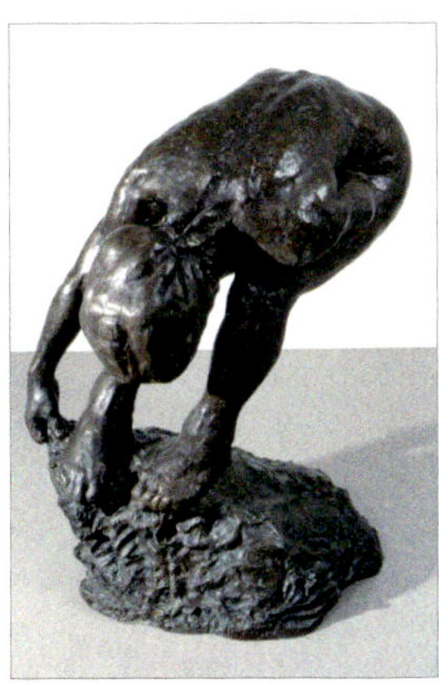

Ohne Titel (Sich biegende Frau) | Untitled (Bending Woman)
1989
Bronze, Auflage von 3, 1 AP | Bronze, ed. 3, 1 AP
105,4 x 82,5 x 68, 5 cm | 41.5 x 32.5 x 27 inches
Mehrere Sammlungen | Multiple collections

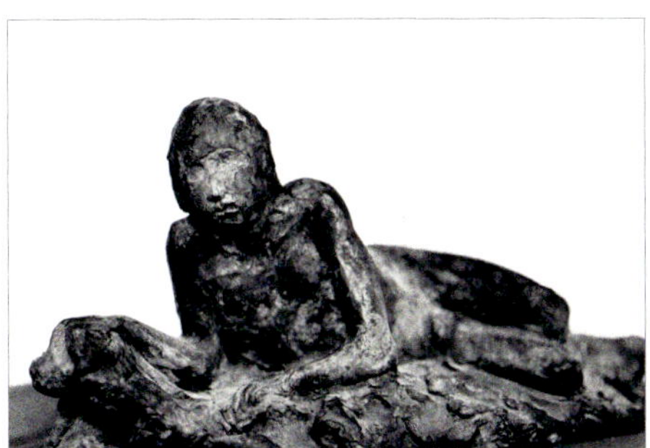

Ohne Titel | Untitled
1990
Bronze, keine Auflage | Bronze, not editioned
16,8 x 35,8 x 17,8 cm | 6.62 x 14.12 x 7 inches
Sammlung | Collection: Eric Fischl

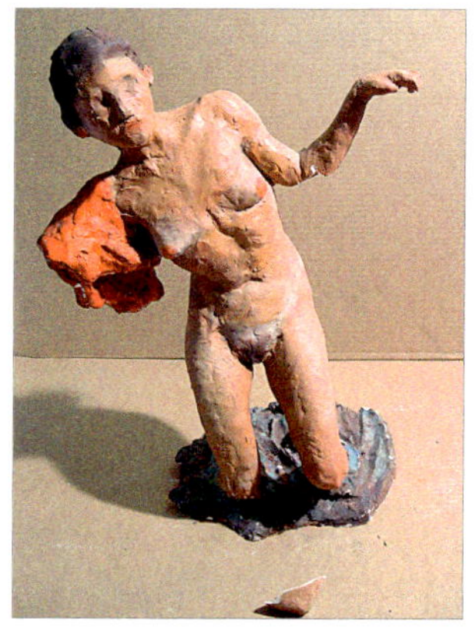

Ohne Titel | Untitled
1990
Gips und Ölfarben, keine Auflage | Plaster and oil paint, not editioned
52 x 38,42 x 26,9 cm | 20.5 x 15.12 x 10,62 inches
Sammlung | Collection: Eric Fischl

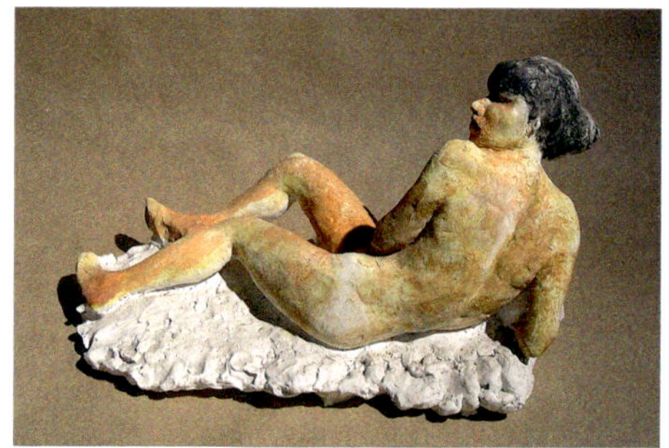

Ohne Titel | Untitled
1990
Gips und Ölfarben, keine Auflage | Plaster and oil paint, not editioned
26,35 x 48,9 cm | 10.3 | 8 x 19.25 inches
Sammlung | Collection: Eric Fischl

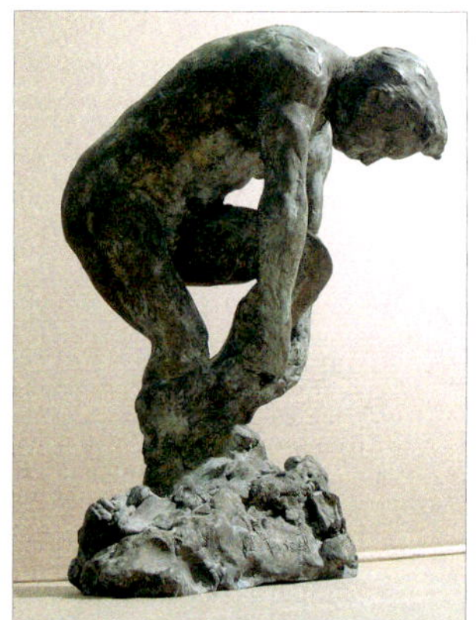

Ohne Titel | Untitled
1990
Bronze, keine Auflage | Bronze, not editioned
42 x 22,8 x 25,4 cm | 16.5 x 9 x 10 inches
Sammlung | Collection: Eric Fischl

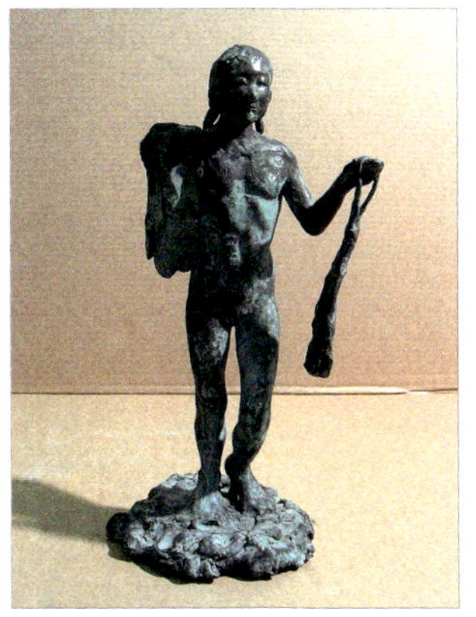

Ohne Titel (Junges Mädchen mit Badeanzug) | Untitled (Young Girl With Bathing Suit)
1990
Bronze | Bronze
46,3 x 22,9 x 21,6 cm | 18.25 x 9 x 8.5 inches
Sammlung | Collection: Eric Fischl

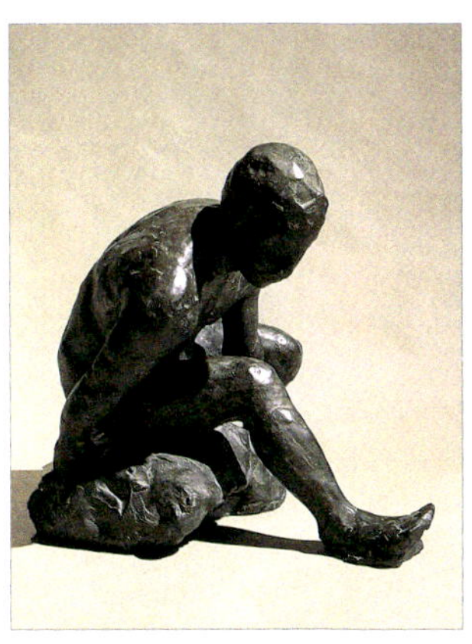

Ohne Titel (Aufstehender Mann) | Untitled (Man Getting Up)
1990
Bronze, keine Auflage | Bronze, not editioned
25,4 x 25,4 x 23,5 cm | 10 x 10 x 9.25 inches
Sammlung | Collection: Eric Fischl

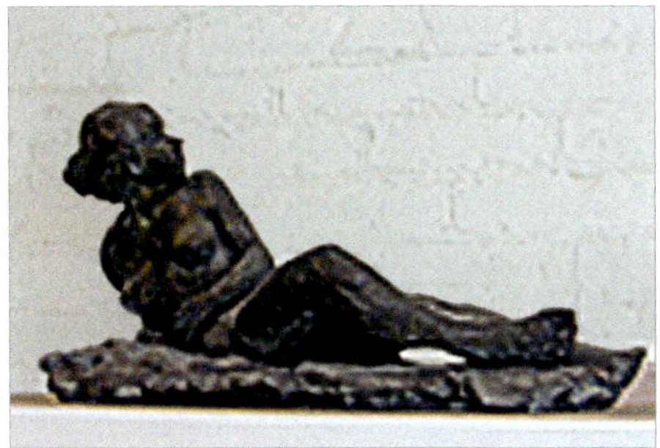

Ohne Titel (Zurücklehnende Frau) | Untitled (Woman Reclining)
1990
Bronze, keine Auflage | Bronze, not editioned
24,8 x 45,7 x 21,6 cm | 9.75 x 18 x 8.5 inches
Sammlung | Collection: Eric Fischl

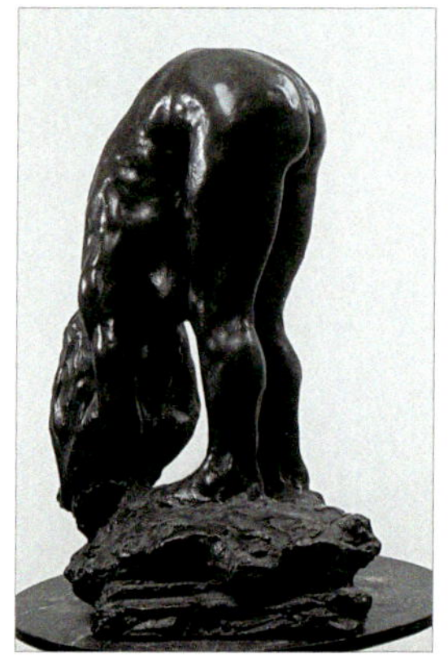

1992
Bronze, keine Auflage | Bronze, not editioned
53,3 x 32,4 x 34,3 cm | 21 x 12.75 x 13,5 inches
Sammlung | Collection: Eric Fischl

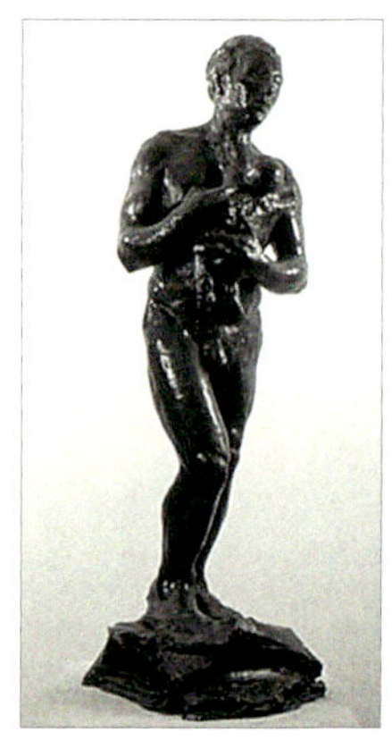

1992
Bronze, Auflage von 3, 1 AP | Bronze, ed. 3, 1 AP
190,5 x 53,3 x 104 cm | 75 x 21 x 41 inches
Mehrere Sammlungen | Multiple collections

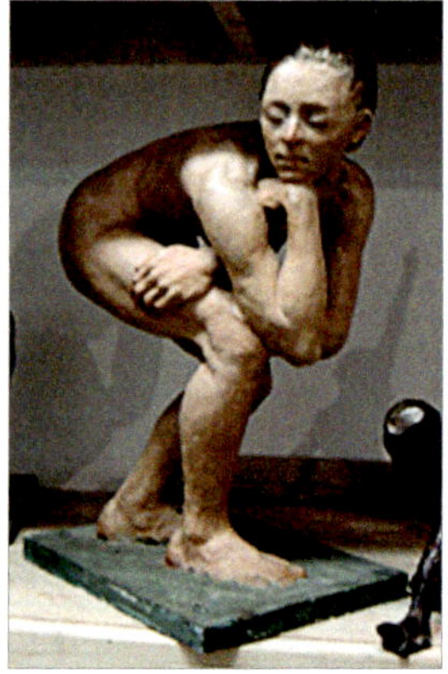

1994
Bronze, keine Auflage | Bronze, not editioned
63,5 x 50,8 x 53,34 cm | 25 x 12 x 17 inches
Sammlung | Collection: Eric Fischl

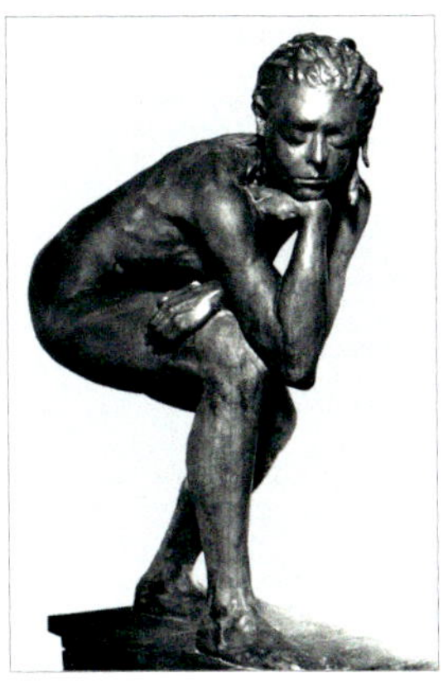

1995
Bronze, Auflage von 3, 1 AP | Bronze, ed. 3, 1 AP
137 x 87,6 x 58,7 cm | 54 x 34.5 x 25.5 inches
Mehrere Sammlungen | Multiple collections

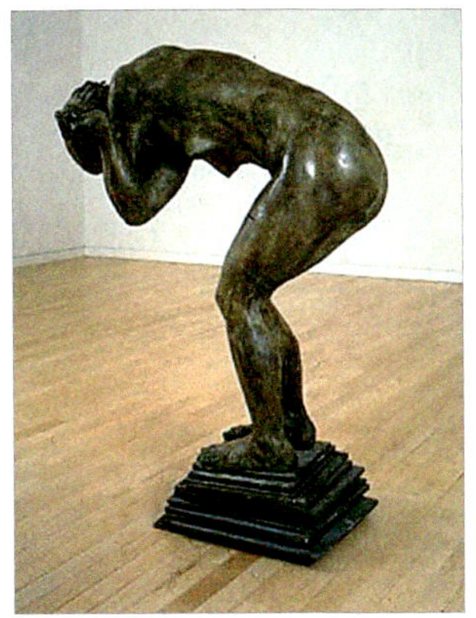

1996
Bronze, Edition von 3, 1 AP | Bronze, Edition of 3, 1 AP
82,5 x 58,42 x 27,9 cm | 54.5x 47 x 23 inches
Mehrere Sammlungen | Multiple collections

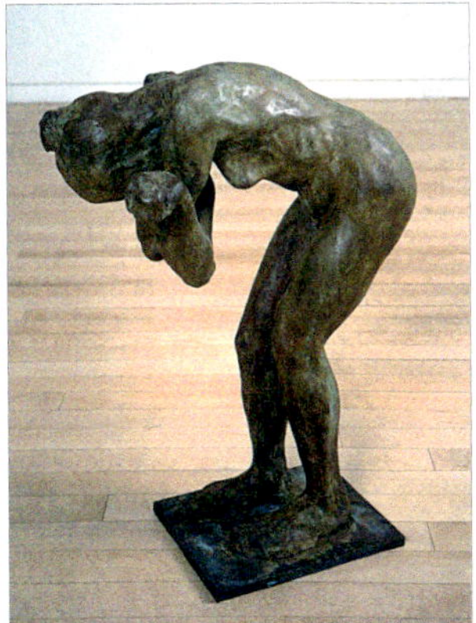

1996
Bronze, Auflage von 5, 1 AP | Bronze, Edition of 5, 1 AP
82,5 x 58,4 x 27,9 cm | 32.5 x 23 x 11 inches
Mehrere Sammlungen | Multiple collections

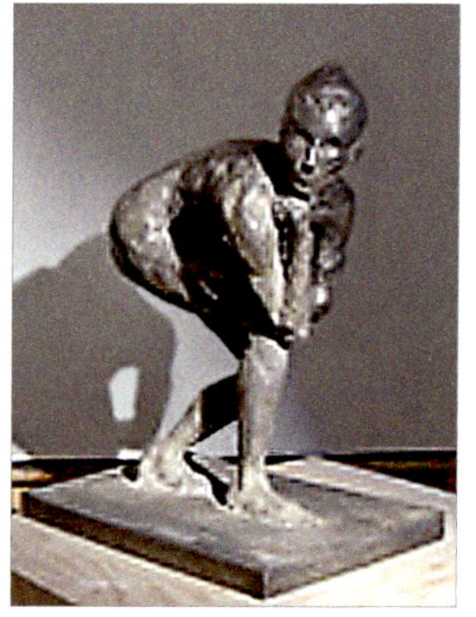

1996
Bronze mit Silberpatina, Auflage von 5, 2 AP | Bronze with silver patina, Edition of 5, 2 AP
43.2 x 22,9 x 35,6 cm | 17 x 9 x 14 inches
Mehrere Sammlungen | Multiple collections

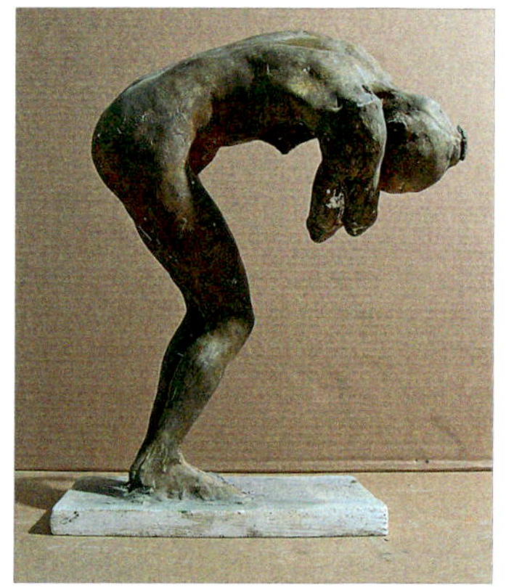

1996
Bronze mit Silberpatina, Auflage von 5, 2 AP | Bronze with silver patina, Edition of 5, 2 AP
36,8 x 16,5 x 29,2 cm | 14.5 x 6.5 x 11.5 inches
Mehrere Sammlungen | Multiple collections

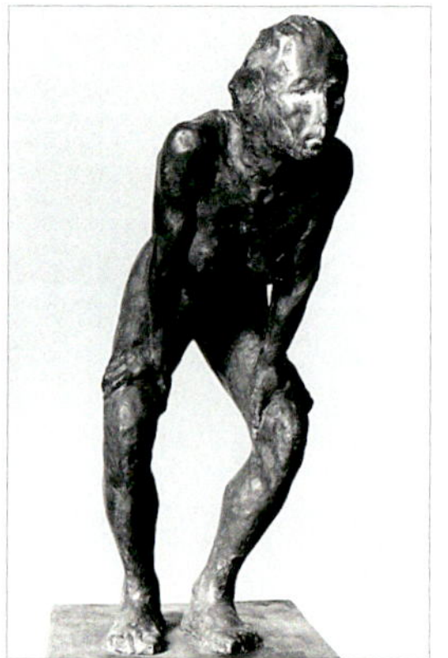

1997
Bronze, Auflage von 5, 1 AP | Bronze, Edition of 5, 1 AP
81,3 x 48,2 x 36,8 cm | 32 x 19 x 14.5 inches
Mehrere Sammlungen | Multiple collections

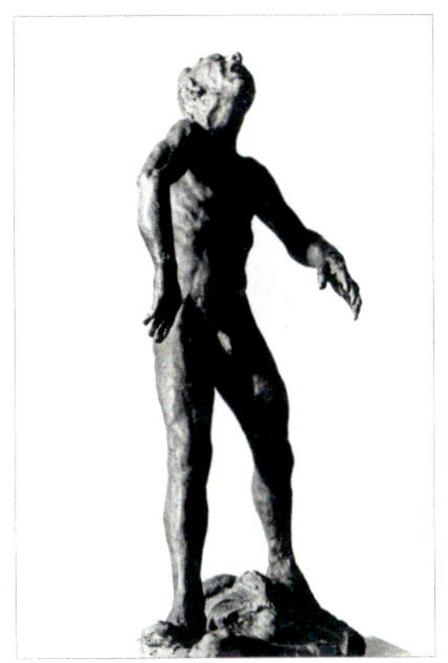

Der tapfere Moment | The Brave Moment
1997
Bronze, Auflage von 5, 1. AP | Bronze, Ed. of 5, 1 AP
114,3 x 55, 9 x 45,7 cm | 45 x 22 x 18 inches
Mehrere Sammlungen | Multiple collections

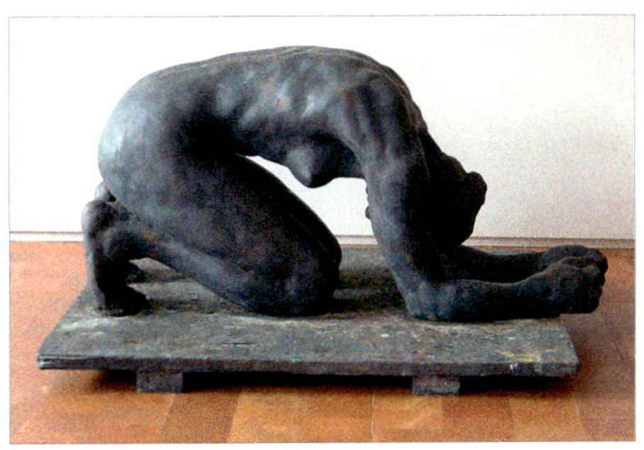

Das Warten | The Wait
1997
Bronze, Auflage von 5, 1 AP | Bronze, Edition of 5, 1 AP
36,8 x 74,9 x 50,8 cm | 14.5 x 29.5 x 20 inches
Mehrere Sammlungen | Multiple collections

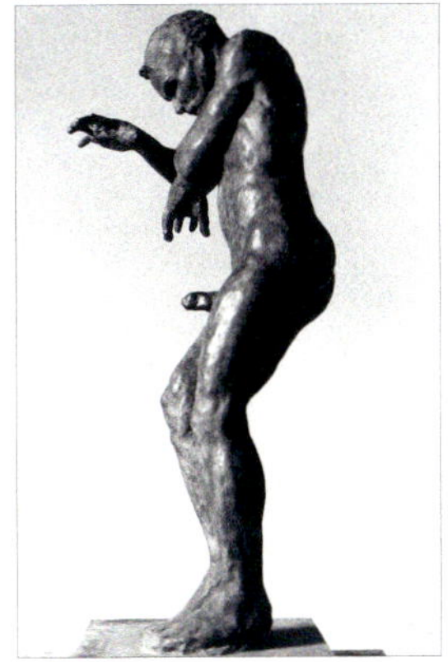

Puppenspieler | Puppeteer
1997
Bronze, Auflage von 3, 1 AP | Bronze, Edition of 3, 1 AP
130,8 x 45,7 x 47 cm | 51.5 x 18 x 18.5 inches
Mehrere Sammlungen | Multiple collections

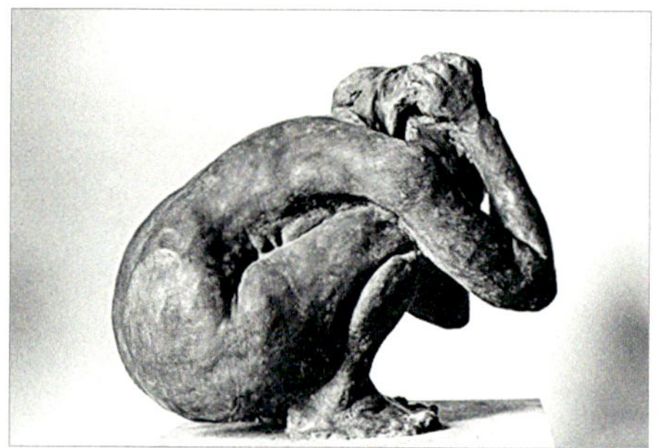

Nachricht von Gott | Message of God
1997
Bronze, Auflage von 3, 1 AP | Bronze, Edition of 3, 1 AP
53,3 x 42 x 63,5 cm | 21 x 16,5 x 25 inches
Mehrere Sammlungen | Multiple collections

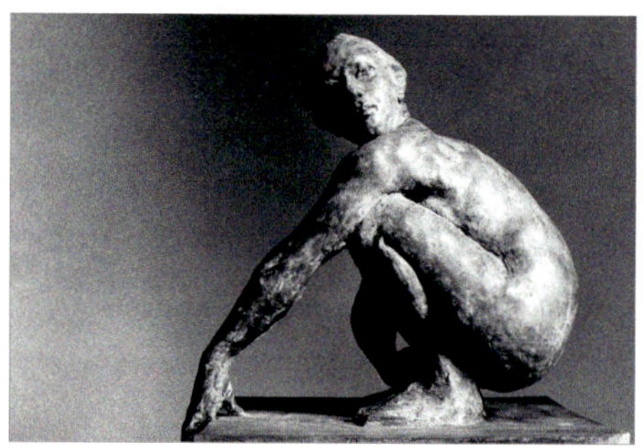

Ohne Titel (Kauernde Frau) | Untitled (Woman squatting)
1997
Bronze, Auflage von 5, 1 AP | Bronze, Edition of 5, 1 AP
53,3 x 106,4 x 45,7 cm | 21 x 19 x 18 inches
Mehrere Sammlungen | Multiple collections

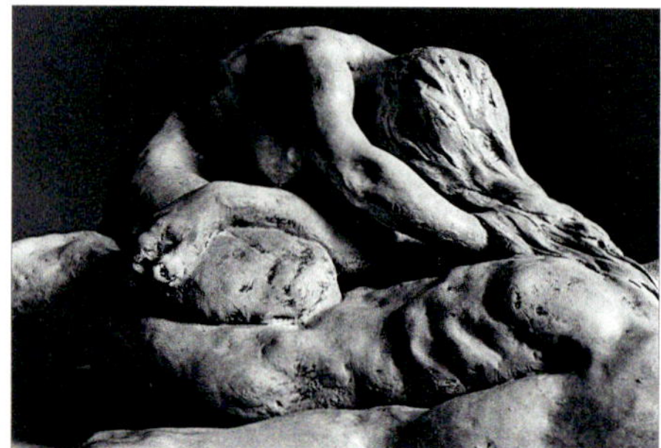

Hysterie der Liebe | Hysterics of Love
1997
Bronze, Auflage von 3, 1 AP | Bronze, Edition of 3, 1 AP
53,3 x 71,1 x 137,1 cm | 21 x 28 x 54 inches
Mehrere Sammlungen | Multiple collections

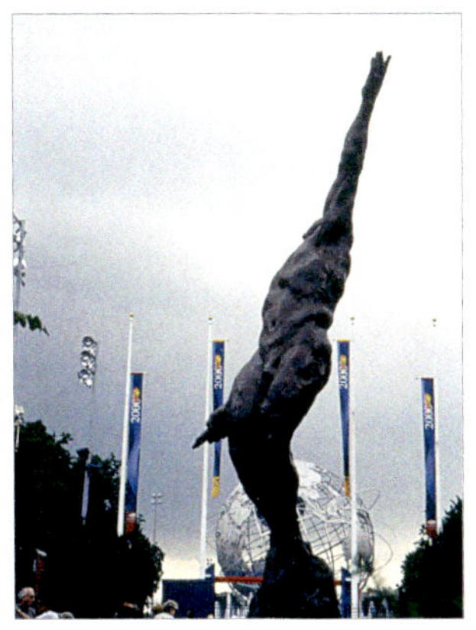

Seele im Flug | Soul in Flight
2000
Bronze
445,8 x 172,7 x 127 cm | 175.5 x 68 x 50 inches
Sammlung | Collection: USTA, National Tennis Center Inc.

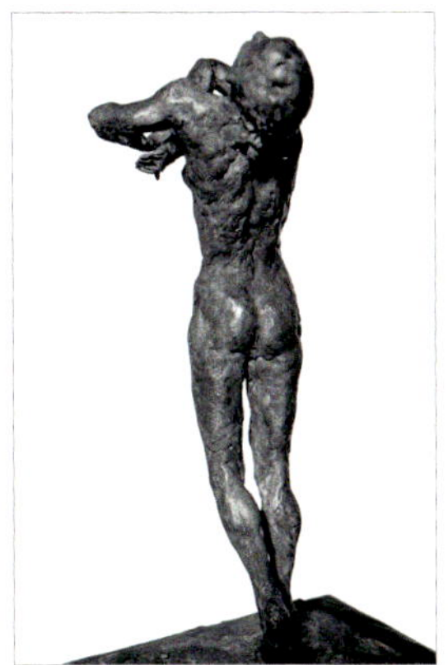

Ohne Titel (Modell von Sich Krümmender Frau) | Untitled (Arching Woman Maquette)
2001
Bronze, Auflage von 5, 2 AP | Bronze, Edition of 5, 2 AP
62,2 x 22,8 x 27,9 cm | 24.5 x 9 x 11 inches
Mehrere Sammlungen | Multiple collections

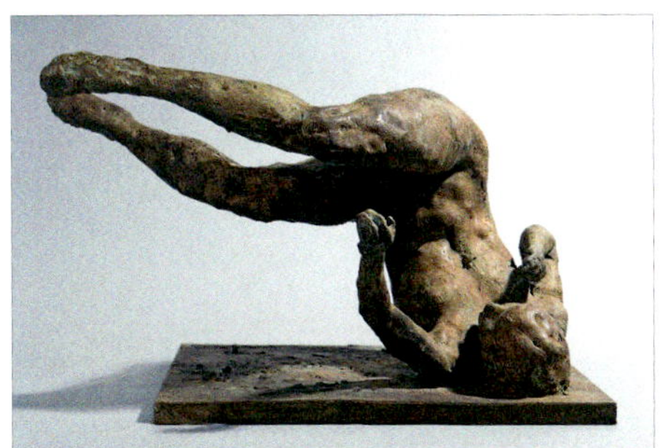

Modell von Stürzende Frau | Tumbling Woman Maquette
2001
Bronze, Auflage von 5, 2 AP | Bronze, Edition of 5, 2 AP
30,5 x 45,7 x 35,5 cm | 12 x 18 x 14 inches
Mehrere Sammlungen | Multiple collections

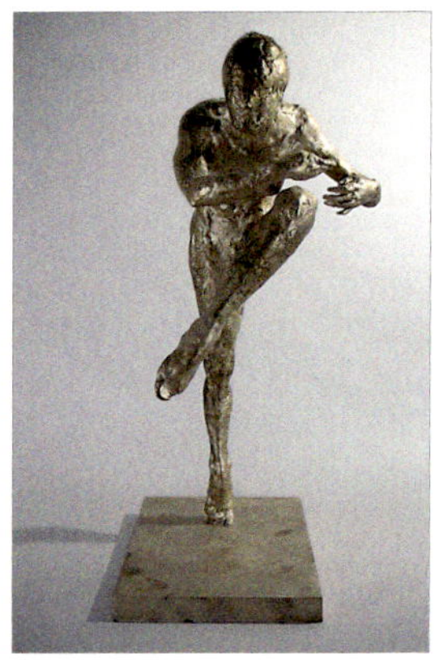

Tänzer (33") | Dancer (33")
2001
Bronze, Auflage von 7, 2 AP | Bronze, Edition of 7, 2 AP
82,5 x 37,46 x 50,1 cm | 32.5 x 14.75 x 19.75 inches
Sammlung | Collection: Eric Fischl

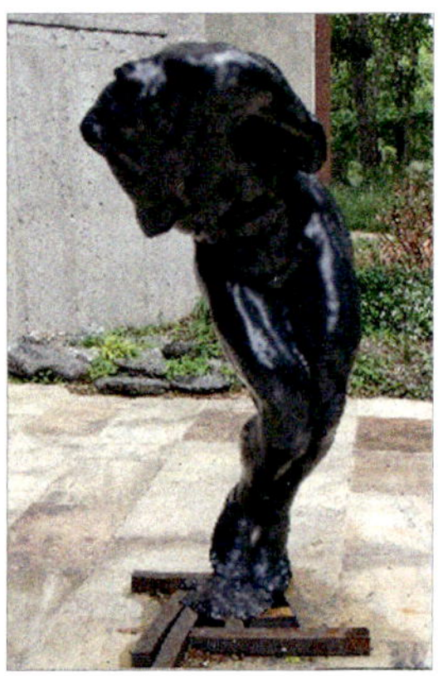

Ohne Titel (Schwarzer weiblicher Torso) | Untitled (Black Female Torso)
2001
Bronze, keine Auflage | Bronze, not editioned
152,4 x 50,8 x 53,34 cm | 60 x 20 x 21 inches
Sammlung | Collection: Eric Fischl

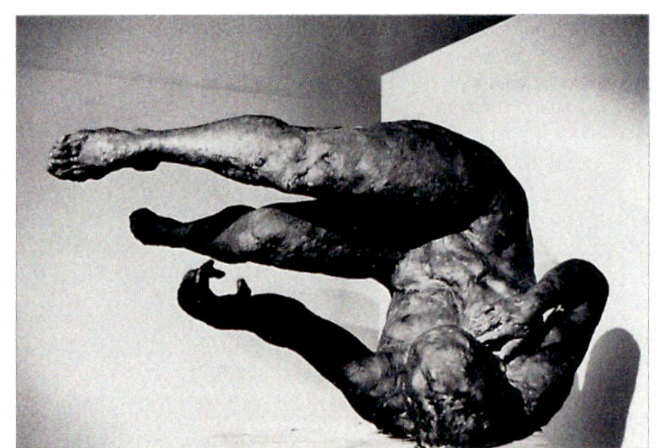

Stürzende Frau | Tumbling Woman
2002
Bronze, Auflage von 5, 3 AP | Bronze, Edition of 5, 3 AP
94 x 188 x 127 cm | 37 x 74 x 50 inches
Mehrere Sammlungen | Multiple Collections

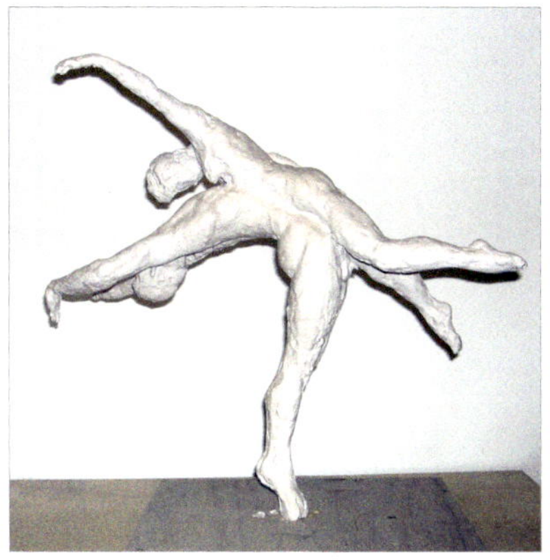

Ohne Titel (Kleine zweifigurige Gruppe) | Untitled (Small Two Figure Group)
2005
Kunstharz, keine Auflage | Aqua-Resin, not editioned
74,6 x 71,1 x 76,2 cm | 29.37 x 28 x 30 inches
Sammlung | Collection: Eric Fischl

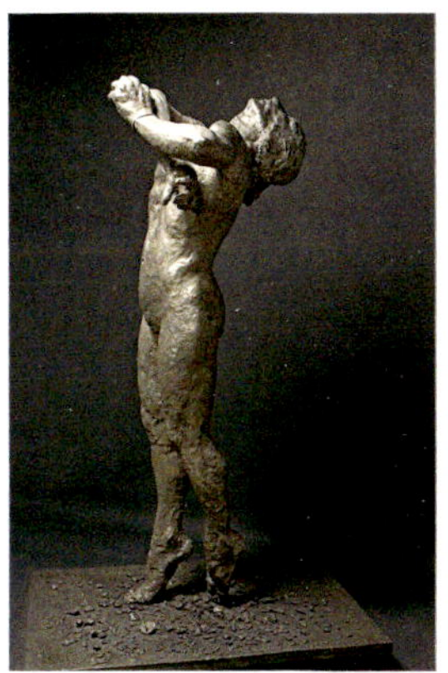

Ohne Titel (Große sich krümmende Frau) | Untitled (Large arching Woman)
2005
Bronze, Auflage von 7, 2 AP | Bronze, Edition of 7, 2 AP
190,5 x 122 x 91,4 cm | 75 x 48 x 36 inches
Mehrere Sammlungen | Multiple collections

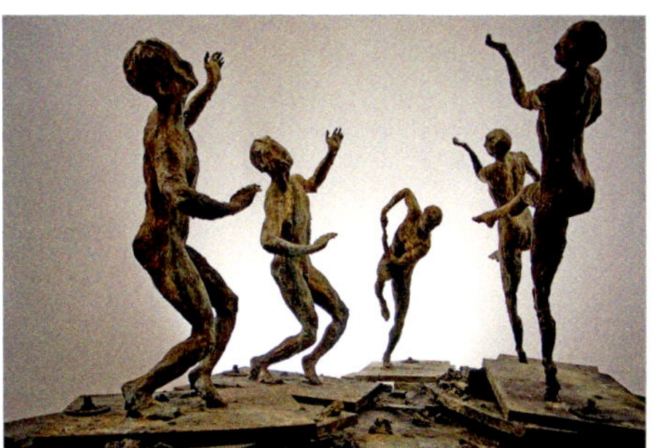

Studie für Zehn Atemzüge: Kongress der Witzigen | Study for Ten Breaths: Congress of Wits
2007
Bronze, Auflage von 7, 3 AP | Edition of 7, 3 AP
67,9 x 111,7 x 228,6 cm | 26,75 x 44 x 90 inches
Sammlung | Collection: Eric Fischl

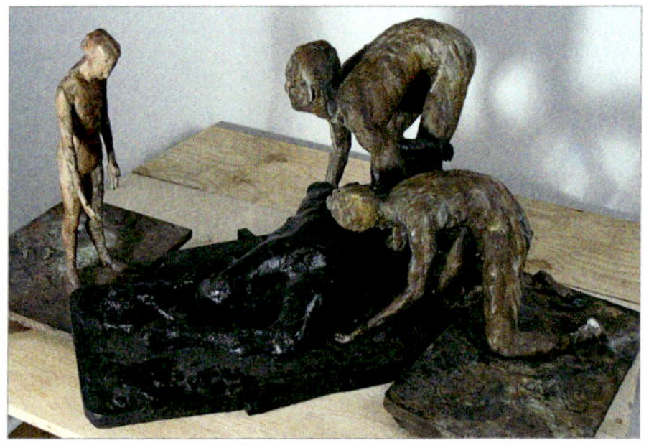

Studie für Zehn Atemzüge: Schaden | Study for Ten Breaths: Damage
2007
Bronze, Auflage von 7, 3 AP | Bronze, Edition of 7, 3 AP
49,5 x 60,5 x 106,7 cm | 19.5 x 58 x 42 inches
Sammlung | Collection: Eric Fischl

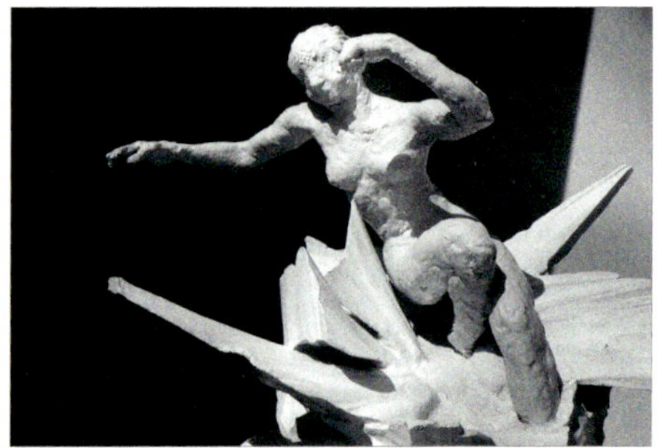

Zehn Atemzüge: Fallender Engel | Ten Breaths: Falling Angel
2007
Harzguss mit Ölfarben bemalt | Resin cast painted with oils
121,9 x 121,9 x 111,8 cm | 48 x 48 x 44 inches
Sammlung | Collection: Eric Fischl

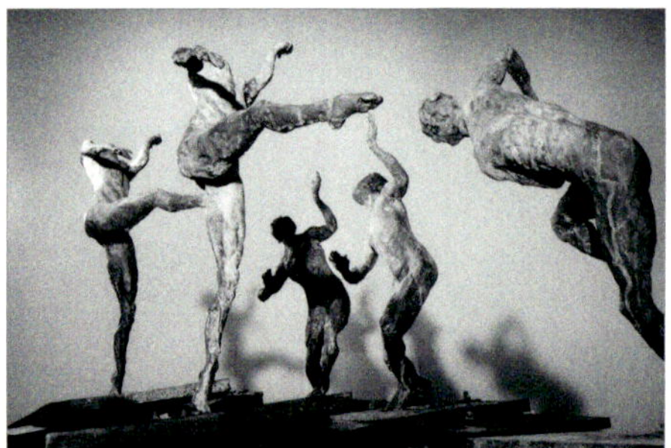

Zehn Atemzüge: Kongress der Witzigen | Ten Breaths: Congress of Wits
2007
Harzguss, mit gemalter Eisenpatina | Resin cast, with painted iron patina
220 x 310 x 427 cm | 87 x 122 x 168 inches
Sammlung | Collection: Eric Fischl

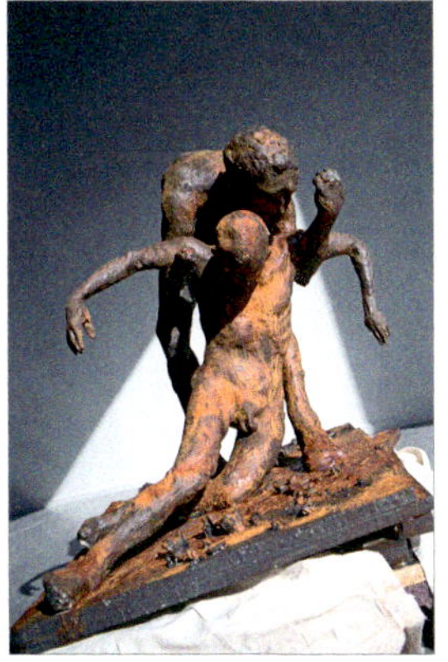

2007
Polyester Harzguss, bemalt mit Eisenpatina | Polyester resin cast, with painted iron patina
116,8 x 132,1 x 116,8 cm | 46 x 52 x 46 inches
Sammlung | Collection: Eric Fischl

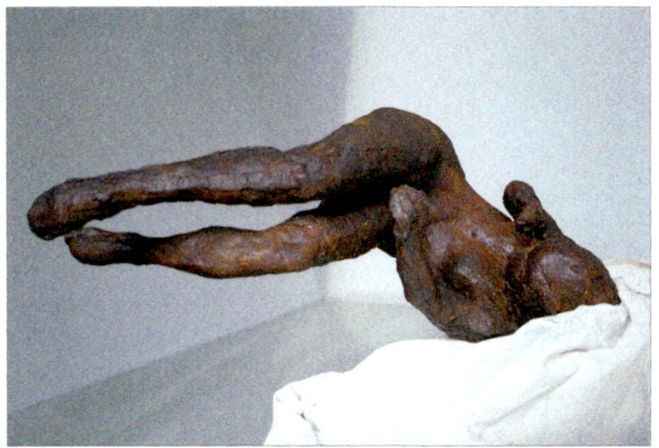

2007
Harzguss, bemalt mit Ölfarben auf Wasserbasis | Resin cast, painted with water based oil paint
66 x 109 x 111,7 cm | 26 x 43 x 44 inches
Sammlung | Collection: Eric Fischl

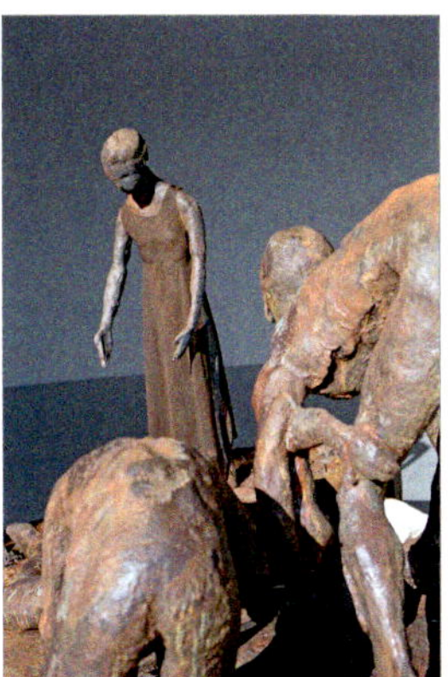

2007
Harzguss, mit gemalter Eisenpatina | Resin cast, with painted iron patina
144,8 x 236,2 x 315 cm | 57 x 93 x 124 inches
Sammlung | Collection: Eric Fischl

Impressum | Imprint

**Publikation anlässlich der Ausstellung |
Publication to accompany the exhibition**

Eric Fischl, Ten Breaths

kestnergesellschaft, Hannover
30. November 2007 bis 3. Februar 2008 |
November 30—February 3, 2008

Herausgegeben von | Edited by

Veit Görner und | and Frank-Thorsten Moll
kestnergesellschaft, Hannover

Redaktion | Editing

Frank-Thorsten Moll

Texte | Texts

Veit Görner, Frank-Thorsten Moll,
Kay Heymer und Roland Meyer

**Übersetzung Deutsch-Englisch |
Translation German-English**

George Frederick Takis, Katharina Bieloch

Lektorat | Copyediting

Sarah Grimmer, Barbara Soldner

**Grafische Gestaltung und Satz |
Graphic design and typesetting**

Christoph Dirkes
CD design · grafik · konzept, Neuenkirchen / Hannover

Schrift | Typeface: Sans, Clarendon
Papier | Paper: LuxoSamt, 170 g/m²

Lithoherstellung | Reprography

ArtnetworX, Hannover

Herstellung | Production

Kerber Verlag, Bielefeld/Leipzig

© 2007 Eric Fischl, Ralph Gibson
© 2007 kestnergesellschaft, Hannover;
Keber Verlag, Bielefeld, und Autoren | and authors

Verlag und Vertrieb | Published and distributed by

Kerber Verlag, Bielefeld/Leipzig
Windelsbleicher Strasse 166
D-33659 Bielefeld
Tel: ++49(0)521 / 95008-10
Fax: ++49(0)521 / 9500888
E-mail: info@kerberverlag.com
www.kerberverlag.com

US distribution
d.a.p.-distributed art publishers, INC.
155 Sixth Avenue / 2nd Floor
New York 10013.1507, USA
Fon: ++1 212 627 1999
Fax: ++1 212 627 9484

Bibliografische Information der Deutschen Nationalbibliothek
Die Deutsche Nationalbibliothek verzeichnet diese Publikation in der Deutschen Nationalbibliografie; detaillierte bibliografische Daten sind im Internet über http://dnb.d-nb.de abrufbar. Bibliographic information published by the Deutsche Nationalbibliothek.
The Deutsche Nationalbibliothek lists this publication in the Deutsche Nationalbibliografie; detailed bibliographic data are available in the internet at http://dnb.d-nb.de.

ISBN 978-3-86678-116-0

Printed in Germany

Umschlagabbildung | Cover illustration

Eric Fischl
Detail von | Detail of
Samariter | Samaritan
2007
© 2007 Eric Fischl, Ralph Gibson

kestnergesellschaft
Goseriede 11
30159 Hannover
Germany
Fon +49 511 70120 0
Fax +49 511 70120 20
kestner@kestner.org
www.kestner.org

kestnerfirmenförderer | kestnercompanypatrons

Norbert Essing Kommunikation

Investa Projektentwicklungs- und Verwaltungs GmbH

B. Metzler seel. Sohn & Co.

IT Partner der | of kestnergesellschaft

FINANZ_IT

Webpartner der | of kestnergesellschaft

Dievision

Die kestnergesellschaft wird durch das Land Niedersachsen unterstützt | The kestnergesellschaft is supported by the Federal State of Lower Saxony

**Die Ausstellung wird gefördert durch |
The exhibition is supported by**

NORD/LB

Förderkreis der kestnergesellschaft |
Friends of the kestnergesellschaft

Besonderen Dank an | Special thanks to

Eric Fischl, Ralph Gibson, Mary Jane Marcasiano, Anahita Vossoughi, Christian Johnson, Rafael Jablonka, Kay Heymer, Roland Meyer, Christoph Dirkes, Sarah Frost, Sarah Steingrube, Barbara Soldner, und | and Sarah Grimmer